女孩要有好成绩

让女孩学习更高效的方法和技巧

北京理工大学出版社
BEIJING INSTITUTE OF TECHNOLOGY PRESS

图书在版编目（CIP）数据

女孩要有好成绩：让女孩学习更高效的方法和技巧 / 董亚兰，郭志刚编著．—北京：北京理工大学出版社，2018.8

ISBN 978-7-5682-6021-3

Ⅰ.①女… Ⅱ.①董… ②郭… Ⅲ.①女性–学习方法–青少年读物 Ⅳ.①G791-49

中国版本图书馆 CIP 数据核字 (2018) 第 172469 号

出版发行 / 北京理工大学出版社有限责任公司
社　　址 / 北京市海淀区中关村南大街 5 号
邮　　编 / 100081
电　　话 /（010）68914775（总编室）
（010）82562903（教材售后服务热线）
（010）68948351（其他图书服务热线）
网　　址 / http://www.bitpress.com.cn
经　　销 / 全国各地新华书店
印　　刷 / 三河市华骏印务包装有限公司
开　　本 / 880 毫米 ×1230 毫米　1/32
印　　张 / 6.25
字　　数 / 130 千字
版　　次 / 2018 年 8 月第 1 版　2018 年 8 月第 1 次印刷
定　　价 / 25.00 元

责任编辑 / 龙　微
文案编辑 / 龙　微
责任校对 / 杜　枝
责任印制 / 施胜娟

前言

PREFACE

女孩们从开始读书学习时，应该就常听到一句话——“好好学习，天天向上”。这句话几乎贯穿了她们整个求学阶段。从幼儿园到小学、从小学到初中、再从初中到高中，乃至到大学，几乎处处都能听到或看到这句话。

但是至于怎么学习，如何好好学，女孩们却一知半解，也经常在学习的过程中遇到各种各样的问题，让女孩们连受打击，挫败感十足。

学习是我们自己的事情，虽然辛苦却也有很多的乐趣。你给予什么样的种子，就会收获什么样的果实。如果你用心学习，辛勤“浇灌”，学习之花就会怒放，结出甘甜的果实，相反，如果你在学习的时候三心二意，完全不用心，那别说结果了，种子可能刚刚发芽就会快速地衰败、枯萎。所以，对待学习的态度是十分重要的。

在学习过程中，女孩如果能怀揣着理想而学，就会更有效率地达到学习知识的目的。理想对于一个人是十分重要的，没有理想的人生就像一具空壳，没有灵魂，只是一具行尸走肉。而一旦女孩有了自己的理想和追求，那就完全不一样了，你的人生将充满惊喜和乐趣，每一次努力都能看到成绩，每一滴汗水也都能换来喜悦的泪水，理想是灵魂、是灯盏，是女孩攀爬高峰的引路梯。

除了理想，在学习的过程中，女孩还要有良好的学习习惯、要懂得合理地利用时间、要学会使用技巧来学习、要克服弱点战胜自己、要看到自己的优点和长处、要有不认输的拼搏精神、还要有合作精神……

这些都是女孩应该具备的学习“技巧”，学会了这些“技巧”，女孩就能一路披荆斩棘、过关斩将，把成功收入囊中。

而本书就是从这些“点”切入，为女孩讲解学习中的各种好习惯和技巧，让女孩轻松应对枯燥的学习，让女孩能在学中取乐，在学中掌握自己的命运，自己谱写灿烂的人生。

编　者

目录 CONTENTS

第十章

实践出真知——女孩要会读书，也要能动手

第一章

理想让学习不茫然

——不做盲目的“笨女孩”

理想能使我们拥有飞翔的“翅膀”，让我们在学习的海洋中自由翱翔，不茫然、不害怕。女孩一定要怀揣着理想来学习，不管这个理想是大是小、是否会被他人耻笑，都不要害怕，想到就要行动起来。当有一天女孩通过自己的努力实现理想的时候，自然会为当初自己的坚持而骄傲、自豪。

有理想，学习更有动力

学习是女孩现阶段最重要的任务，也应该是女孩的生活重心。但是很多女孩在学习的过程中却不知道自己为何而学。

我们经常会听到一些女孩抱怨父母、老师管教太严，好像学习是为了他们一样。事实却并非如此，学习是女孩自己的事情，不应该是为了别人而学，而是为了自己而学。

为什么女孩会觉得学习是别人的事情呢？很重要的一个因素是女孩学习的时候没有足够的动力来支持她学下去。动力让一个人在做事时更有干劲，只有在动力的驱使下，女孩才能不断地学习。一旦缺少动力，女孩的生活就会变成“得过且过”，毫无意义可言。

☆☆☆

女孩小宁今年14岁，是一名初中二年级的学生。

小宁最近显得有些郁郁寡欢，因为她的英语成绩一直得不到提升。不是她没有努力学习，相反，她每天花在英语上的时间多达5个小时，每天坚持早起背课文、记单词。可在这次的期中考试中，她的英语只有58分，连及格线都没有达到。“只能放弃了吗？”小宁在心里想。

一天晚上，小宁向爸爸说了这个心事。爸爸在认真倾听完女儿的诉说后，只问了一个问题：“你的理想是什么？”小宁听到爸爸的这句话后，心里更加苦涩了，因为小宁的理想正是要当一名出色的英语翻译官。爸爸了解后，拍了拍小宁的肩膀，意味深长地说道：“小宁，祝贺你！要知道，理想对一个人来说是多么重要。你应该坚守自己的理想，不要轻言放弃。”小宁听后，心头一震，“原来我一直拥有着一块宝啊！爸爸说得对，我现在还不能放弃英语！”小宁暗自下定决心。

在接下来的英语学习中，小宁一改往日“死记硬背”的学习方法，而是将“听、说、读、写、记”有机地结合在一起，上课更加积极地举手回答老师的提问了，也主动向老师、同学们提出成立校内“英语角”的建议。此外，小宁还利用周末时间参加了校外“英语俱乐部”的学习活动。这些改变都让小宁觉得跟英语有关的一切事物都变得无比美好了，自己对理想的实现也充满了信心。

就这样，爸爸的点醒、自己的理想，让小宁的英语学习乃至其他科目的学习都充满了不竭的动力。

☆☆☆

那么，学习的动力来源于什么呢？从上面的故事中我们不难看出，动力来源于理想。只有女孩有自己的理想并为之努力的时候，才是动力最足的时刻。女孩只要有充足的动力源，不愁学不好、学不下去。

所以，女孩在学习的过程中，一定要先学会思考，好好想一想，自己的人生意义在哪里，自己想做什么，想怎么做，怎么去实现自己心中所想，这就是理想的雏形。女孩越早思考这些问题，便能越早给自己定好目标，抓住理想的翅膀，越飞越高，越飞越远。

☆☆☆

在同学的眼中，晓琳是个“无忧无虑”的快乐女孩。因为，尽管现在已经是初中三年级，面临着中考大关，晓琳却比谁都悠闲。

她的一句口头禅就是“分不在高，及格就好！”当被问及理想是什么时，晓琳不屑一顾地丢下一句“理想是什么？我不需要！”

实际上，晓琳家境富裕，父母的心思都在事业上，很少过问晓琳的生活与学习情况。所以，没有外界压力和自我理想的晓琳一点也不在乎自己学习的好与坏。

于是，晓琳选择消极地对待学习、应付老师、应付自己。她的作业也从来没有自己动手写过，更不用说独立思考了，她常常是记起来了，自己还有作业没完成，就一把抓过同桌的作业本抄一抄、上交，就万事大吉了。每到早上七点的晨读时间，同学们都在精神抖擞地齐声朗读着一篇又一篇的课文，而晓琳总是趴在课桌上，将书本随意地往后脑勺一盖，继续睡回笼觉。

班主任见状，就把晓琳叫到了办公室。班主任耐心地劝诫晓琳道：“晓琳，你要知道，你爸爸妈妈的想法并不能替代你的想法和你的思想啊，你应该为你自己负责、为自己考虑，而不是依靠其他任何人。老师希望你能静下心来想想自己的理想，想想自己未来的‘模样’，并以此在学习、生活上找到动力与热情，好吗？”

晓琳虽然心里明白，但就是不愿主动寻觅理想，更是找不到一丝想要学习的动力。

☆☆☆

现实生活中，很多女孩就像故事中的晓琳一样，并不知道自己的理想是什么，也不知道自己想做什么，对自己的未来毫无计划和思考。这样的人生还有什么意义呢？如果女孩一直保持着这样的心态去生活和学习，那她的未来只能是平庸而毫无建树的，是没有什么成就可言的。

那么，女孩应该怎么寻找自己的理想、为自己定下目标呢？

首先，女孩要从自己的兴趣入手。做人都会有自己的喜好，女孩要弄清楚自己喜欢什么、不喜欢什么，从自己喜欢的事物中寻找自己想做的事情。理想不一定要多大，只要知道自己喜欢什么，就可以定下目标，为之奋斗，这样为了达成目标，就会产生一定的学习动力，学习的道路自然而然地就会明朗起来。

其次，理想有大有小，不要因为理想小而“看不起”它，否定自己的理想。只要是自己真心喜欢的目标，再小也是值得为之努力和奋斗的。女孩要认可自己，要提升自己的自信，相信自己能获得成功。

把好胜心放在学习上

每个人都有一颗好胜之心，谁都不想自己在他人之下，成为一个可有可无的人。女孩也一样，尤其是在成长的过程中，女孩都会希望能比别人强上一分。有些女孩希望自己比别人漂亮，有些女孩希望自己衣着打扮比别人强，有些女孩则希望自己永远是学习最好的那一个……

之所以会产生这些想法，是女孩的好胜心在作怪，有时候好胜心强是件好事，能让女孩学习更好，但是有时候好胜心太强却会让人处于尴尬的位置，心情也会因此变得抑郁起来。

☆☆☆

小雨今年15岁，是个正在上初中二年级的女孩。小雨的“聪明”与极强的好胜心在年级里是人人皆知的事，但她的“聪明”与好胜心却常常惹来老师和同学们的反感。

原来，小雨经常在自己好胜心的驱使下，把自己的优势和班里某一同学的弱势进行比较。就像短跑50米是自己的强项，却是同桌小安的弱项，她就会冷不丁冒出一句“瞧那小安，不就学习比我强点吗？一跑步，就不行了吧，还每次都是倒数第一！”。说完也不理会同桌的窘态，发出一阵咯咯咯的笑声后，便自得其乐地吹着口哨离开了。

在跟同学相处的问题上，小雨缺少该有的友善。她的好胜心并不是放在学习上，而是在家里的经济条件上。她认为，穷人家的孩子都不如她聪明，学习成绩自然也比不上她。只要是跟她相处过的同学，就都有被她问过“你爸妈是做什么的？你的衣服、鞋子都买什么牌子的？……”如果确认对方家里经济条件不如自己家的，小雨就会冷嘲热讽一番，然后像躲避瘟疫一样避开对方。这样的小雨就像一只高傲的孔雀，不理会他人的自尊心，只顾满足自己的好胜心理。

后来，身边的同学们都对小雨变得冷淡了，也没有人愿意主动找小雨聊天了。

老师也找过小雨，并指出小雨做得不对的地方，劝诫她好好自省一下并改掉坏毛病。小雨见同学们都不理她，心里又气又急，却又不觉得自己如老师说的那样是自己存在问题，于是小雨也变得有些郁郁寡欢了。

☆☆☆

故事中的小雨有一颗强烈的好胜心，但她不是把这种情绪运用在学习或其他有益的事情上，而是用在“歪门邪道”上，一味地和身边的人比财比富，结果身边的同学和朋友全都离她而去，没办法和她成为朋友。

有好胜心其实在很多时候都是一件好事，但这是指把好胜心用在正途时，适当的好胜心可以激励女孩更加努力地学习。所以，女孩要把好胜心用在有益的事情上，别在无益的事情上费心劳神，结果还得不偿失，无法获益。

☆☆☆

小雅一直是个好胜心极强的女孩，正是带着这样的个性特征，她在学习中找到了无穷的乐趣。

今年夏天，小雅刚上初中一年级，她继续把自己的好胜心放在学习上。每当她在学习上遇到挫折时，总会对自己说"同样是一起学习的同学，他们能学得好、考得好，我也一定能做得到的！"

于是，不服输的小雅在课堂上更加认真地听老师的讲解，课下虚心请教已经学会了的同学，在书本上认真做好标注，直到自己理解并掌握时，她就把解题过程、思路、注意事项、心得体会等整理在"纠错本"上。这般争强好胜的小雅，老师们看在眼里，夸在嘴边；同学们看在眼里，既羡慕又钦佩。

其实，小雅小时候也爱玩，对学习兴趣不大，恰是她的好胜心引导她将精力投入到学习上。当她在上小学二年级时，曾在一次期末考试中荣获全年级第一名，这个"第一名"为她带来了满足感，从此，在学习这条漫长的道路上，她开始努力学习，一心想比别人考更高的分数。但后来她很快发现，学习过程中充满了无穷的乐趣，学习也不再是痛苦的事了。

就这样，小雅时刻把那颗好胜的心放在学习上。虽然在学习的过程中，她仍会遇到挫折，但她坚信只要自己坚持一下，就一定能克服。信心就在小雅一次次小小的成功中逐渐建立起来，就像建房子，基础打得好，每添一块砖都更得心应手。

☆☆☆

那么，好胜心强的女孩到底该怎么正确运用这一性格，把它用到正途呢?

首先，女孩要正确认识好胜心。有些女孩觉得好胜心强是一种性格缺陷，是不对的。其实并非如此，好胜心强的人反而更自信，对自我提升有很多的好处，只要能善用好胜心，就不怕受它所累。因此，女孩不要过于压抑自己的好胜心，要以正确的眼光来看待它。

其次，女孩要控制自己的好胜心，有意识地把好胜心用在学习上。这就需要女孩培养自己的自制力，用自制力来控制自己，让自己把好胜心多用在有益的事情上，而不是无意义的比美、比财等问题上。只要女孩有一颗好学的心，就不要把好胜心当成一种负担，而是要善于利用它帮助自己、提升自己。

好高骛远是学习的绊脚石

有理想、有追求是通往成功的重要因素之一，女孩要在学习的道路上找到自己的理想和追求，为之努力和奋斗，这样才能获得成功，成为出色的人。但现实却是，有很多女孩虽然有远大的理想，却不愿意脚踏实地地去努力，总想着能一步登天，不付出就有收获。

天底下哪有这样的好事，真能从天上掉个馅饼下来？想要什么，都是需要自己动手努力奋斗的。想要学习好，女孩就得认真学习；想要身体好，女孩就得锻炼身体；想要获得成功，女孩就得不断拼搏……

☆☆☆

“小丽，我有理想了，我要成为最棒的运动员！”秀秀兴高采烈地和她的好朋友小丽说。

“是吗？可是，为什么呢？”小丽不解地问，因为她知道秀秀从来都不喜欢运动。

“我刚才在运动场观看了一场比赛，太棒了！有个人跑得很快，就像是要飞起来一样，简直太帅了，大家都为他欢呼。我也希望自己能够成为场上的焦点，跑得飞起来。”秀秀幻想着说。

“好吧，不过你要先开始运动起来。”小丽提醒秀秀说。

秀秀点点头，当天晚上就拉着小丽陪她一起跑步。

可是她只坚持了两天，就坚持不下去了，她说：“跑步太累了，我每天锻炼这么久有什么用呢？又没有人能看到，我需要的是成为运动场上的焦点，我只要比赛的时候去参加，然后飞快地跑过全场就行了，现在练习根本没用。”

“你现在不练习怎么能跑得快呢？”小丽问她。

她却坚信自己拥有出色的跑步天赋，坚决不再练习跑步了。

第二天，她去找体育老师，对老师说：“我想参加跑步比赛。”

“可以啊，那你从今天开始，放学后进行跑步训练吧。”体育老师说。

“不，我不用训练，只要比赛的时候去跑就行了，我相信自己肯定会是全场第一。”她自信地说道。

体育老师被她逗笑了，对她说：“那咱们现在先进行一场比赛吧，如果你能赢过前面那个同学，你就可以不用训练、直接参加比赛。”

“真的吗？太好了，我一定会赢他的。”秀秀高兴地回答道。

紧接着，秀秀和那位同学开始比赛，由于她以前不爱运动，现在又不愿意接受训练，又没有多少运动天赋，自然就落败了。

比赛输了的秀秀还是满脸不服气，认为自己没在真正的比赛场上，所以发挥失常了。

体育老师却说她好高骛远，连这里跑得最慢的人都赢不了，怎么能在正式比赛中取得名次呢？

☆☆☆

故事中的秀秀因为喜欢成为场中焦点的感觉，所以想要成为最棒的运动员，这也算是她的一个理想。理想的开始并不一定是多么伟大崇高的觉悟和思想。比如，女孩想要成为富翁，想赚很多的钱，这也算是一种理想，只要“君子爱财，取之有道”。为了实现理想，女孩付出了、努力了，就完全没有问题。

但是像故事中的秀秀这样，空有理想而不想参与其中艰辛过程，是永远不可能获得成功的。什么叫好高骛远？她这样的行为就是好高骛远，是不可取的行为。

☆☆☆

赵雯是一名非常喜欢画画的女生，她一直说：“我长大了可是要当大画家的。”

她的父母也很支持她的理想，不仅为她报了美术班，还为她买了精良的画册画笔，希望她能在自己的理想上有所作为。

但是，赵雯却嫌学画画的过程太累，经常三天打渔两天晒网，在美术班也不认真听老师讲课，画画的时候也很敷衍，让老师十分无奈，多次叫来她的父母谈话。

父母了解到这个情况后，就找来赵雯进行沟通。

妈妈说：“你不是很喜欢画画、想成为未来的大画家吗？为什么不认真学习呢？”

赵雯不以为意道：“等我长大了我再好好学，到时候自然就成为知名大画家啦，现在随便学学就行了。”

“这是什么理论？”父母觉得她的想法有问题，现在都不脚踏实地，将来怎么可能实现自己的理想呢？

爸爸对赵雯说：“做什么事都需要一个艰辛的过程，我知道这个过程是很难的，一般人可能承受不了，但你既然有自己的梦想，就不要怕吃苦，要一步一个脚印地走下去，这样才能实现自己的理想啊。你现在就偷懒耍滑，该学的知识不及时掌握学会，它早晚会‘飞’走的。”

听了爸爸的话，赵雯若有所思，过了几天，她终于想通了，一改常态，认真地学起了画画。

☆☆☆

女孩在追求理想的过程中，一定要远离好高骛远的思想，这是理想的绊脚石，是女孩走向失败的推动器。那么，女孩应该怎么远离这种思想呢？

首先，女孩要培养自己脚踏实地的好习惯。不管做什么事情，女孩都要摆正心态，脚踏实地地去做事、做人，不能幻想美好的未来，而忽略了美好背后的付出和汗水。任何事的获取都是需要代价的，这个代价可能是女孩的辛勤与努力，也可能是女孩的执着与耐心，但不管是哪种，都是需要女孩脚踏实地来进行和完成的。

其次，女孩在追求理想的过程中要实事求是。一就是一，不可能因为某些臆想而变成二，所以女孩要远离空想，实事求是地做人、做事，不管遇到什么困难，都要认清事实再做决定。

有了这两点作为基础，相信女孩一定会脚踏实地地做人，实事求是地做事，在自己的理想道路上越走越远，直至达到顶峰，成长为一个出色的人。

理想并非一成不变

理想是我们通向成功的基石，我们每个人在成长的道路上都应该为自己设立一个目标或是理想，这样才能有目标地去努力，才能更有冲劲和干劲。

但是，并非所有人一开始都能明确地知道自己的理想是什么，女孩在读书学习的年纪尤其会受到外界的影响，今天喜欢音乐，明天喜欢美术，后天又想成为科学家。

因此，很多女孩经常为此感到苦恼，不知道自己是怎么一回事，为什么理想会一个劲地改变呢？这样怎么能获得成功呢？其实，女孩不要因此而苦恼，理想并非是确定了就不能改变了，是可以进行变更的。

☆☆☆

“铃铃，你这是怎么啦，每天都愁眉苦脸的，遇到难事了吗？”看着满面愁容的女儿，妈妈关心道。

“妈妈，我有一个理想。”铃铃看着妈妈说。

“真的吗？快告诉妈妈，你的理想是什么？”听到女儿有自己的理想了，妈妈非常高兴。

“我想成为一位救死扶伤的医生。”铃铃回答。

“不错，医生是一个伟大的职业，我们的宝贝有一个远大的理想啊！”妈妈笑着说。

“可是，我也很喜欢运动。”铃铃发愁说：“我每天都在努力学习，希望能考入理想的医科大学，可是，我又想以后当个运动员也不错。所以，我很苦恼。”

“铃铃，任何事都不是轻易就能做到的。什么事也不是一成不变的，有理想是好事，为之努力也很让人佩服，但这并不代表每个人只能有一个梦想，也并不是说有了一个梦想后就不能有所改变了。梦想并不是一成不变的。”妈妈说。

“妈妈，那我可以有两个梦想吗？”铃铃问。

“当然可以。理想是很美好的，只要我们努力去实现，就可以收获美好的人生。这和你有几个梦想，会不会改变梦想没有关系，只要你肯努力就能有所收获。”妈妈摸着女儿的头，鼓励道：“好了，现在打起精神来，开始为自己的理想奋斗吧！”

“嗯！我会的！”铃铃重重地点了点头。

☆☆☆

理想并非是一成不变的，理想也并不是只能有一个的。只要女孩能看清自己的内心，知道自己在做什么，在为什么而努力、奋斗，就可以改变自己的梦想，当然也可以像故事中的铃铃一样，拥有多个理想。

这些是不冲突的，相反，还应该是受到鼓励的行为。因为理想多，说明女孩爱思考，是真的考虑了自己的未来，这是好事。女孩不必因为这样的情况而不安，只需要为了理想用心学习、好好努力就行了。

☆☆☆

“妈妈，我不想当歌手了！”一天，蒙蒙回家对妈妈说。

“为什么？做歌手不是你从小的梦想吗？难道遇到什么困难了？”妈妈关心地问。

“不是这样的！小时候，我觉得做歌手很风光，可以出现在电视上，让很多人认识我。可是，我现在觉得我并不适合当歌手，我五音不全，根本唱不好歌。我现在希望自己能够成为一名律师，不但能够维护自己的利益，也可以给很多人带来帮助。”蒙蒙认真地解释道。

妈妈点点头，笑着说：“你确定不想像明星一样耀眼地生活了？”

“当然确定。其实无论什么职业，只要努力认真去做，都可以获得很好的未来，拥有富裕的生活。”蒙蒙笑着说。

“那还有什么问题呢？”妈妈笑道：“成长的过程就是你了解自己的过程，当发现自己并不适合某个行业的时候，你当然有权利改变自己的梦想。”

“我知道该怎么做了，谢谢妈妈。”蒙蒙高兴地说道。

☆☆☆

很多时候，我们在很小的时候就开始有了朦胧的理想。为什么说是朦胧的理想呢？这是因为，小的时候，我们可能不知道理想到底代表什么，只是潜意识里想这样做、想那样做。就像故事中的蒙蒙一样，她从小觉得歌手风光，就想当歌手，但长大后，开始察觉自身的条件和儿时的理想有冲突，不实际，就发生了改变。这是正确的行为。

女孩在为自己定下理想时，也要像故事中的蒙蒙一样，学会思考，学会明辨是非，知道自己有什么样的优缺点，根据这些因素，来调整自己的追求和理想。如果女孩自己无法进行准确的判断，可以向值得信任并且可靠的师长请教，汲取他们的人生经验和教训，来帮助自己。

另外，如果女孩拥有两个，甚至更多的理想，要学会取舍。因为一个人的精力毕竟是有限的，要根据现实情况对自己的理想进行梳理，分出轻重缓急，选取最适合自己的理想作为目标。不过，有时候，多个理想是相辅相成的，女孩就可以不必舍弃，但也要分辨轻重，知道哪个是第一理想，要花费大量的时间来实现，而哪些是次要的，要适当地少花费些时间。当理想发生冲突时，就必须要有舍有得了，这样女孩才能有所作为，实现自己的理想。

小目标成就大梦想

当被问到理想的时候，很多女孩会感到迷茫，她们不知道自己的理想是什么，但却知道自己现阶段的目标是什么，有的是考个好成绩；有的是学会更多的知识；有的是证明自己。

那这些没有理想的女孩，是不是就不能获得成功了？事实并非如此。就算没有大梦想，只有小目标也是能够成为出色的人的。

☆☆☆

一个医学教授问他的学生："你们有自己的理想吗？"

"有啊，我要写一份完美的结业论文。"一个学生说。

"我要以优异的成绩毕业。"另一个学生说。

很多学生都说出了自己的理想，教授听了点点头，笑着说："孩子们，你们说的都只是目标，并非理想。"

学生们诧异，他们从来没有考虑过自己为之奋斗的到底是理想还是目标。

"孩子们，理想是宏伟的目标，是终生奋斗的事业，不是完成一个论文那么简单。"教授语重心长地说："但是，有目标也是一件好事，小目标慢慢积累，也会成为大梦想，你们现在还不知道自己的理想是什么并不要紧，只是别忘记继续思考，继续给自己定目标就行了。"

"老师，您年轻的时候有理想吗？"一个学生问。

"有啊。上高中的时候我就有理想，要成为一位出色的医学教授。我做的每一份努力，都是为了实现自己的理想。所以我的人生一直很顺利，从来没有为一份论文焦头烂额过。我想，我的人生之所以能有点成就，大概就是我还有点理想。"教授满怀热情地说。

学生们听了点点头，也开始在完成目标的同时，思考自己的理想和梦想了。

☆☆☆

理想固然重要，但不可否认的是，理想都是由一个个小目标来实现和完成的。如果女孩在某个阶段还不知道自己的理想是什么，不要慌张，不要难过，更不要觉得自己不如别人。女孩可以先为自己定下一个目标，比如，把成绩再提高几分、把特长再精练几分等。有了这些为之奋斗的目标，女孩起码知道自己在做什么，为了什么而努力。

当一个目标实现后，女孩要继续为自己设定下一个目标，这样一个目标一个目标的完成下来，早晚有一天，女孩会找到自己的理想，或者是前进的道路的。

☆☆☆

李悠悠从小就目标明确，她一直有个理想，就是成为一名和妈妈一样救死扶伤的医生。小时候的李悠悠出于对妈妈的崇拜定下了理想，但到了中学阶段，她清楚地认识到医生这个职业所担负的责任和使命，这是一个严谨的职业，容不得半点马虎。

进入高中，妈妈与李悠悠交流：“悠悠，妈妈知道你的理想是成为一名医生，妈妈为你选择这个职业而自豪。但是，你觉得你能胜任这个职业吗?”

李悠悠回想自己平常马虎的做事态度，惭愧地低下了头。

妈妈见李悠悠很羞愧，对她说：“我对你现在的状态感到担忧，你性格不够细致，做事情总做到差不多就满足了，这对医生来说，是大忌。医生这个职业，容不得半点马虎。妈妈希望你能把你这些毛病改掉，这才有希望成为一名合格的医生。”

李悠悠内心受到触动，她思考了自己要想成为一名医生必须具备的条件，最终总结出来：扎实的基础知识；严谨的学习态度；对他人的责任感；不断钻研的精神。

她认识到自己的欠缺，开始给自己定下一个又一个目标，严格要求自己，细致对待每一件事，做事情更加注重细节。就这样，她逐渐养成了良好的学习习惯和生活习惯，真诚待人，刻苦钻研。功夫不负有心人，高考结束后，她自信地走出考场。

等拿到医科大学的录取通知书时，她非常开心，内心想到“终于又向我的理想迈进了一步”。

上了大学后，李悠悠更加认识到知识的重要性，现在的一点点知识都有可能会影响病人的生死。她更加严格地要求自己，在学习新知识的同时更注重巩固旧知识。到了实习阶段，这是李悠悠第一次以医生的身份直面病人的痛苦。她言语上鼓励病人，行动上给病人支持，成为病房里的开心果。

随着李悠悠的不断进步，她更加认识到自己知识与能力的不足，又做出了考研的决定。就这样，李悠悠不断给自己定出更高的目标，逐步实现，最终成为一名受病人爱戴的医生。

☆☆☆

故事中的李悠悠想像妈妈一样做个好医生，定下了自己最初的理想。但随着年龄的增长、眼界的开阔，她逐渐认识到追求理想的路是多么困难、多么艰辛。但是她并没有因此而退缩，而是为了实现大梦想，为自己设定了一个又一个的小目标，当一个个目标完成时，她也就离理想越来越近了。

女孩们要向故事中的李悠悠学习，不管自己有没有理想，都要为自己设定一个目标，可大可小，只要是肯定能够实现的目标，女孩都可以为自己设定。而且，设定目标还有一个好处，那就是在实现理想的过程中，一旦发现问题，可以及时纠正，让自己能够更快、更正确地实现自己心中所想。

如果女孩不知道该怎么设立正确的目标，可以向师长请教，请他们帮助并监督自己目标的设立和执行，并最终完成目标。在完成目标的过程中，女孩要发扬不怕苦、不怕难的精神，勇敢向前，一路拼搏，为实现自己的目标和理想不断提升自己，使自己一天比一天更出色、更进步。

第二章

好成绩离不开好习惯

——优秀女孩的学习习惯

好的成绩从何而来？有些女孩可能会说，这是由智商决定的，智商高的人学习就好，而智商低的人只能垫底了。但事实果真如此吗？当然不是。

虽然智商的因素也很重要，但也不能忽略后天的努力。有一个好的学习习惯能起到事半功倍的效果，对女孩的学习有百利而无一害。

用课前预习来找难点

作为一名学生，女孩的首要任务就是学习，然而，在学习过程中，女孩们会遇到各种各样的困难，这时候，找对学习方法，养成好的学习习惯对女孩来说是至关重要的。经常进行课前预习就是一种好的学习习惯，它可以帮助女孩提前理解所学内容，找到知识中的难点，抓住重点，然后再结合老师所讲，进行理解，那么难点便会被击破。

☆☆☆

胡玉玉是一个小学六年级的女孩子，她即将升入初中，可是她的学习成绩不好，她每天都为此焦虑不安，怕自己会辜负老师和父母的期望。

她就这样每天都生活在焦虑不安之中。老师上课的内容她也有很多都听不懂，总是跟不上老师的节奏。

她的同桌晓晓是一个学习成绩非常好的女孩子，胡玉玉有时候会向她请教课上听不懂的问题。

一天课间时，胡玉玉又愁眉苦脸的，晓晓看见了，就问她："玉玉，你怎么了？"

胡玉玉说："老师讲的东西我总是听不懂，大家都能明白的问题，我却感到十分困惑，我真是太笨了。"

晓晓听了胡玉玉的话，笑着说："玉玉，你只不过是学习方法不对，每个人的智商都差不多，不要轻易否定自己。你可能只是看到我能够听懂老师所讲问题的一面，但是你没有看见我在课前预习时努力的一面。”

胡玉玉说：“你会进行课前预习吗？你都是怎么预习的？”

晓晓说：“我会在课前先把要学的东西看一遍，找出理解不了的难点，然后再仔细听老师讲的，就会觉得豁然开朗了。”

胡玉玉听了晓晓的话，按照她的学习方法坚持了几天，可是渐渐地，她就放弃了，继续浑浑噩噩地生活，学习也是一落千丈。

☆☆☆

故事中的女孩胡玉玉面对自己糟糕的成绩只会怨天尤人、愁眉苦脸，却不愿意仔细思考自己存在的问题，努力地克服困难。在课前预习功课，可以进一步地提升自己，让自己知道自己的弱项在哪里，然后仔细听老师讲的知识，解决心中的疑惑。

学习过程中遇到困难是一件非常正常的事情，如果我们因此便质疑自己的能力，那么你会愈加迷茫。人与人的智力水平都是相当的，拉开差距的原因是每个人的学习方式不一样，还有他们的刻苦程度不同，妄自菲薄只会让你日渐堕落，对于解决问题没有什么帮助。

我们总是习惯按部就班地学习，因为在我们看来，学习是枯燥乏味的，可实际上，学习是充满乐趣的，我们可以从中得到很多知识，还能运用自己以往的经验去思考如何高效率地学习。学习过程中，我们不可以产生懒惰的心态，一定要勤学苦练，坚持做好课前预习，为自己的每一堂课都做好充分的准备，打起精神去迎接知识的到来。

☆☆☆

杨开心是一个初中一年级的女孩子，她聪明伶俐，成绩优异，在班级里人缘不错，被老师任命为学习委员。

其实，杨开心的学习成绩并不是一直优秀的，她在小学的时候，成绩十分糟糕，每次考试成绩出来的时候，都是她最难熬的时候。

那段时间，杨开心觉得自己的世界昏暗不已，老师上课讲的东西她都听不懂，每天只能在浑浑噩噩中度过。

杨开心的妈妈发现了她的异常表现，便对她说："心心，你怎么了？最近总是魂不守舍的。"

杨开心垂头丧气地说："妈妈，我最近总是听不懂老师在讲什么东西，我觉得自己好笨啊！"

杨开心的妈妈听了，语重心长地对她说："心心，你只是没有找对学习方法而已，你说自己上课听不懂，那么你可以在老师上课之前就把她要讲的知识预习一下，找准难点，然后再着重听老师讲，这样不就可以了吗？"

杨开心听了妈妈的建议，决定要试一试。于是，她就开始预习第二天的学习内容，将无法理解的难点都标了出来。

到了第二天，杨开心在听老师讲课的过程中，将昨天标识的重点、难点都做了梳理，难题迎刃而解。自此以后，杨开心每天都按照这种学习方法去学习，成绩突飞猛进。

☆☆☆

故事中的女孩杨开心十分懂得"知错就改"这个道理，当她与妈妈交谈时，妈妈指出了她的问题，并教给她正确的学习方法。杨开心按照新的学习方法学习，初见成效后，便将这种学习方法坚持下来，每天都进行课前预习，找准难点，让自己的学习成绩取得了很大的进步。

其实我们每个人都清楚，做好课前预习对学习是非常必要与重要的，可是能坚持下来的人却少之又少，其中最重要的一个原因就是大家都有惰性。作为女孩子，我们不能懒惰，我们要勤奋、积极、向上，生活如此，学习更是如此。

首先，我们要保持一个好的学习态度。作为学生，学习是我们的首要任务，我们不能因为懒惰而白白地浪费大好的时光，要努力让自己做一个勤奋上进的女孩子，无愧于父母和老师，更无愧于自己。

其次，学习并不是只要一门心思学就可以，还要懂得总结经验、思考学习方法，要一边学习一边探寻适合自己的学习方法，做到更加高效率地学习。

最后，不要因为一次的失败或者是一段时间的失意，就觉得自己没有能力，没有信心去迎接接下来的生活。我们是初升的太阳，还有很多路要走，还有很多困难要面对，不要因为一点点挫折就迟疑不前，坚定信念向前走，未来还有很多美好等着我们。

温故才能知新

子曰：“温故而知新，可以为师矣。”意思就是：温习旧知识从而得知新的理解与体会，凭借这一点，你就可以成为老师了。由此可见，“温故”是多么重要的一种学习习惯。你可以不屑于学习成绩，但是它却在一定程度上代表了你的能力水平，所以找对学习方法、提高学习能力对我们来说是至关重要的。

☆☆☆

冯晓明在小学的时候，学习成绩在班级里名列前茅，还担任学习委员的职务，可是升入初中以后，冯晓明的学习成绩却下降了很多。

一次期中考试后，冯晓明的考试成绩又不尽如人意，她非常伤心，甚至开始质疑自己的能力。

妈妈了解到这件事情之后，决定找冯晓明聊一聊，妈妈说："晓晓，你最近怎么了，为什么心情总是这样低落？"

冯晓明说："妈妈，我这次期中考试又没有考出一个好成绩，我真的觉得特别对不起你还有老师。我觉得自己自从上初中以后，好像变笨了，学习成绩一天不如一天，这可怎么办啊？"

妈妈说："傻孩子，初中和小学的学习模式肯定是不一样的，你才升入初中，好多东西都需要时间去适应，妈妈相信你是一个聪明的孩子，一定可以把成绩提高的。"

冯晓明听了妈妈的鼓励，心里舒服多了。可她并没有寻找适合自己的学习方法，她的问题根本在于她不懂得复习，她觉得自己能够像小学那样，光靠听课、做练习就能够把知识学会。

就这样，冯晓明一直坚持着自己的学习方法，不肯改正错误，成绩只能是一落千丈。

☆☆☆

故事中的冯晓明是一个不懂得灵活变通学习方法的女孩子，她因为自己小学时的学习成绩十分优秀，就一直坚持用小学的学习方法，但是，初中的知识比起小学来，要多得多。她的首要任务就是要学会复习，将老师所讲的知识都储存在自己的脑子里，不要只是盲目地学习。

在我们身边有很多人，他们总是觉得自己能够在课上就把知识掌握了，没有必要浪费课余的时间去复习。在课上就把所有的知识熟练掌握，这不是没有可能，毕竟有些人他们记忆力超强，并且能够聚精会神地听讲，但是对于大多数人来讲，这是非常错误的观念。有些同学，他们无法保证自己上课一定不走神，而他们的记忆水平又没有那么高，又不复习，最终只能被成绩打败。

对我们来说，我们首要的、重要的学习习惯就是要课下复习。这样才能让自己的知识链更加稳固，也为以后的学习打下了良好的基础。学习并不是一件轻松的事情，同时它也没有我们想象的那么困难，只要你付出努力，它就会给你回报。

☆☆☆

严古丽是一个初中二年级的女孩子，她聪明伶俐，学习成绩优异，在班级里担任学习委员这一职务。

一次，老师宣布要在班级里实行“一对一”的学习辅导活动，顾名思义，就是让学习成绩优异的同学辅导学习成绩不好的同学学习功课。严古丽作为班级里的学习委员，自然义不容辞。

严古丽的辅导对象是她的同桌莹莹，莹莹的数学成绩还好，就是语文和英语总是考得一塌糊涂。

严古丽决定从根本问题入手，她对莹莹说：“莹莹，你能先跟我讲一讲你的学习方法吗？”

莹莹不好意思地说：“丽丽，我觉得自己没有什么学习方法，老师讲课我就认真地听讲，老师布置的作业，我也都认真地完成。可我的学习成绩还是很糟糕，这可怎么办啊？”

严古丽说：“我知道你的问题在哪里了，你是不是不喜欢复习啊？对于数学这种强调理解的学科，你可以靠听讲学会，可是对于语文和英语这些需要背诵的学科，你就不能只是课上听讲了，还要课下复习。”

莹莹听了，十分赞同严古丽的说法。接下来的一个月，莹莹每天都把当天所学的知识复习一遍，成绩果然提高了一大截，莹莹和古丽都十分开心。

☆☆☆

故事中的女孩严古丽深谙学习之道，她在了解了同桌莹莹的学习方法以后，就开始传授莹莹正确的学习方法，那就是注重复习，不要懒惰。莹莹按照她的方法学习，果不其然，成绩提高了很多，这就再一次验证了复习的重要性。

温故而知新，就是说明我们要先“温故”再去“知新”，这两点是有先后顺序的。如果你急于求成，没有“温故”就想“知新”，那么你不光会遗忘旧的知识，新的知识也不能很好地掌握，这样环环相扣，你以后的学习之路也会充满坎坷。如果你按照正确的方法去做，那么你不仅可以巩固旧的知识，还能更加轻松地接收新的知识，何乐而不为呢？

第一，我们要记住“温故而知新”，学习不是一件急于求成的事，有很多科学研究者，他们要用一年甚至是一辈子的时间去研究一个东西，那么我们为什么不能多付出一点时间去学习呢？戒骄戒躁、稳扎稳打才是正确的学习方式。

第二，学习是一个由浅入深的过程，我们不能一味地追求“深”，却忽略了最基础的东西，只有做好基础训练，才能更上一层楼。

第三，我们要做到经常回顾所学的知识。作为女孩子，我们大多数人的记忆力没有那么强，所以我们就更要利用我们自身的优点去化解缺点，我们脚踏实地、稳中求胜，最终一定能够取得很好的成绩。

学习不怕问题多

很多时候，我们会害怕问问题，我们怕自己问出来的问题太简单，会遭到别人的鄙视，其实则不然，越是喜欢问问题的人越聪明，因为你能够看到很多别人看不到的问题，你的思考角度和别人不一样，而且越是喜欢问问题，知道的就会越多，你就会变得更加聪明伶俐，所以，不要再惧怕向别人提出问题了。

☆☆☆

贾文安正在上小学六年级，她是一个文静的女孩子，上课认真听讲，下课认真完成作业，这样努力的她本来应该有个好成绩，但事实却正好相反，她的学习成绩很一般。

有一天，数学课上，老师讲了新的知识，然后对同学们说：“你们如果有什么问题，一定要说出来，不管是课上还是课下，随时可以向我提问。”

下课后，很多有疑问的同学都去找老师了，贾文安也有几个疑问想寻求老师的解答，也向老师走了过去。

刚想向老师询问的时候，贾文安的同桌走了过来，问她：“你想问什么问题？”

贾文安把自己的疑问之一说了出来。

同桌一听，笑道：“这么简单的问题，老师上课都讲了好几遍，你怎么还弄不明白，再问老师，不是浪费时间吗？”

贾文安知道自己的问题有些简单，但就是有些疑问，想再深入地请老师讲解一下，现在让同桌一说，好像自己有多笨一样，又担心老师也会说出同样的话，她默默地退回了座位上。

从那以后，每次学习上产生问题的时候，她都担心别人会说她的问题简单，被同学或老师耻笑，因此即便遇到问题，也是自己埋头解答，不敢说出来。

久而久之，贾文安学习上的问题越积越多，小问题积成大问题，渐渐的，她的成绩一落千丈。

☆☆☆

故事中的贾文安虽然性格安静，在一开始也懂得认真学习，但当同桌说她的问题简单，是在浪费时间时，自信心受到了严重的打击，从那开始她就害怕问别人问题了。可是，学习的过程中难以避免的会遇到很多问题，如果不一一解决，只能使问题越积越多，最终导致学习成绩越来越差。

当我们的问题太多时，别人或许会觉得很烦，不想为我们解答。可是，我们的本质是没有错误的，我们不能因为别人烦我们就轻易地否定自己问问题的行为，当你自己都觉得自己的问题太多是坏事儿的时候，那么你就会从主观上减少自己问问题的频率，害怕遭到别人的嘲笑，这对于你自己来说是没有好处的。

如果你喜欢问问题，那么证明你是一个好学的、充满求知欲的好孩子，是应该受到表扬的。可并不是你身边的所有人都能够向你的老师和家长那样对你充满耐心，他们可能会因为自己的坏心情迁怒于你，轻易地否定你的想法。这时候，不必气馁，不必伤心，更加不要因为他们的否定就改变自己，坚持自我就好，不必理会别人的眼光。

☆☆☆

郭玉婷是一个小学五年级的女孩子，她善于思考，学习认真，老师和同学们都非常喜欢她。

一次英语课，老师为大家翻译英语课文，郭玉婷觉得有一句课文翻译得不太恰当，她刚想向老师提出疑问，下课铃声就响起来了。

老师对同学们说："同学们课下先自己翻译一下课文，如果有什么疑问，就先记下来，老师下节课会一一为大家解答的。"

老师说完这句话就走了，郭玉婷马上追出去，想问老师这个问题。老师充满歉意地对郭玉婷说："不好意思啊，婷婷，老师有一个会议要开，能不能等老师开完会，再为你解答呢？"

郭玉婷说："可以的，老师，您先忙您的。"

郭玉婷回到座位上以后，同桌燕燕十分好奇地问她："你又去问问题了吗？你也太好学了吧，老师都说了她下节课会解答问题的，不急于这一时啊！"

郭玉婷笑着说："我遇到问题总是想快点解决，因为一个问题追赶着一个问题，如果不快点解答，我怕会堆积在一起。"

燕燕听了，非常钦佩郭玉婷。等老师开完了会，郭玉婷就马上去办公室问了问题，老师给她解答以后，她觉得非常开心。

☆☆☆

故事中的郭玉婷是一个“问题多多”的女孩子。只要郭玉婷的心里有了疑问，她就会及时地向老师寻求帮助，这是一种非常好的习惯，当时的问题当时解决，避免了问题越来越多。正因为郭玉婷养成了这种好习惯，她的学习成绩才能一直优秀下去。

作为女孩子，我们对学习、对生活都会产生很多疑问，这时候，不必不好意思，不必太过在意别人的眼光，坚持自己的想法，把想知道的问出来，如果没有得到令你满意的答案，你可以再去问其他人，直到知道答案为止。当然，问问题也是要有技巧的。

首先，我们在问问题之前要仔细思考自己问出的问题是否恰当，不要问一些让别人尴尬的问题，也不要问一些过于简单的问题，这样会让别人觉得你只会依赖他人，连独立思考的能力都没有。

其次，我们在解决自己问题的同时也要顾及他人的感受，要考虑他们是否方便回答你的问题，不能只顾自己舒服，就去打扰别人，这样会惹得别人反感你。

最后，我们在问完问题以后要学会总结，不能空有一堆问题，却没有实质性的收获，这是徒劳无功的，这样你也收获不到什么东西，无法提升自己。

死记硬背肯定学不好

老师总是教导我们：“学习不能死记硬背。”靠着死记硬背学习的知识不是真正的知识，这种方法记下的知识只能浮于表面，不能真正被你记在心里，这种知识很快就会被我们遗忘，对于我们以后的学习没有任何帮助，反而会令你失去学习的动力与自信。

☆☆☆

石冬冬是一个小学五年级的女孩子，她十分痛恨学习语文，她觉得语文学习只能靠死记硬背，这导致她的语文成绩非常差。

一次期中考试，石冬冬的语文成绩又是处于倒数的位置。语文老师十分生气，她觉得石冬冬别的学科成绩都很好，单单语文成绩这样糟糕，源于石冬冬对于语文的不重视。

于是，语文老师找到石冬冬，对她说："冬冬，老师看过你英语和数学成绩了，都非常不错，这证明你是一个非常聪明的孩子，可是你的语文成绩却很差，你能和老师说一说你语文成绩这么差的原因吗？如果是因为你对老师有什么意见，那么咱们师生沟通一下，也能解决问题啊！"

石冬冬说："老师，我对您没有什么意见，我只是不太喜欢学习语文，数学和英语在我眼里都非常有意思，可是语文却很枯燥，只能靠死记硬背。"

老师听了石冬冬的话，感到哭笑不得，她和石冬冬说明了语文学习的技巧与方法，并告诉她语文并不是枯燥乏味的，它也有很多乐趣，只要她用心去学，就一定能从中有所收获。

可是，任凭老师怎么说，石冬冬都不为所动，她依旧不喜欢语文，成绩依旧很差。

☆☆☆

故事中的女孩石冬冬十分厌恶学习语文，在她看来，语文就是一个枯燥无味的学科，所以她选择用死记硬背的方式去学习语文。殊不知，语文也同数学和英语一样，是一个充满乐趣的学科，只是石冬冬没有用心去探索语文的美，死记硬背的方式是注定学不好语文的。

学习不能害怕动脑筋，不能懒惰。当你的脑袋灵活地运转起来时，你就会发现：你越喜欢运用你的脑袋，你就越聪明。但是，死记硬背绝对不代表你在运用你的大脑，这只是一种机械的学习方法，没有办法帮助你提升自己的学习能力和水平。

在日常的学习过程中，有些同学会有一种错觉，他们认为理解性记忆要比机械性记忆困难得多，因为有很多东西他们都无法理解，又何谈记忆呢？实则不然。倘若你从一开始就抱着无法理解的心态去学习，那么你是一定学不会的，如果你努力地跟上老师的节奏，那么你会发现：理解没有什么困难的。

☆☆☆

边依依是一个热爱生活和学习的女孩子，从小学向初中的过度，除了给大家带来了生活上的不适应，还让大家感受到了来自学习方面的压力。

自从来到初中，大家的感觉都是学习的知识变多了，变得难以理解了，所以很多人都只能靠死记硬背去学习。这导致一部分同学的学习成绩下降得非常快，边依依的朋友希希便是其中一个。

而边依依却如同没有受到丝毫影响一样，保持着全班第一名的好成绩。边依依看到好朋友的学习成绩不尽如人意，便决定帮助她。

通过和希希聊天，边依依知道希希初中的学习方式都是死记硬背，她十分担忧地说：“希希，学习是不能靠死记硬背的，我们应该注重理解，这样才能长久记忆。”

希希听了边依依的话，十分赞同，她无奈地说：“依依，我知道你说的都是对的，可是我觉得自己没有办法理解老师上课讲的内容。”

边依依听了，便给希希用自己的理解方法讲了题，希希听后茅塞顿开，依依说：“你只要紧跟老师上课所讲的内容，就会理解的。”

希希按照依依教给她的方法，仔细听课，理解老师所讲的内容，最终成绩得到了很大的提升。

☆☆☆

故事中的边依依是一个注重理解记忆的女孩子，她的学习方法非常科学，正因为这种科学的学习方法，依依没有像一部分同学一样因为初到初中不适应而成绩下降，而是成绩越来越好。同时，她还帮助朋友取得了很大的进步，两个人一起很好地适应了初中生活。

作为女孩子，我们大多数都比较擅长语文、英语，而对于学习数学和其他理科性的学科，我们总是会产生恐惧感，害怕自己会理解不了这类知识，所以我们习惯性用机械的记忆方法去学习它们。这种想法是错误的，我们可以按照以下方法去思考、去尝试。

首先，课上听讲非常重要。在课上，保持自己的注意力高度集中，让思维活跃起来，会帮助你理解这些知识。如果有些地方听不明白，不要钻牛角尖，浪费时间，可以把它记在本子上，课下的时候去请教老师或同学。

其次，课下要多做练习，保证自己可以熟练运用老师所讲的知识。如果你能够把题目都分析透彻，那么就说明你已经理解了知识，已经把它记在了心里。

最后，要注意将机械记忆与理解性记忆的学习方法结合起来。因为有些知识是可以理解的，而有些知识就只能靠死记硬背，这时候要活学活用，为自己找寻一种适合的记忆方式。

错题本，让错误越来越少

在学习过程中，有很多同学会有一种感觉，就是：做的题目越来越多，老师也都讲过了，考试也考过了，可是错得却越来越多。其实，这些错题反映了我们在学习过程中的漏洞，我们要学会弥补这些漏洞，这时候，记错题就不失为一个好的解决办法。

☆☆☆

杨阳是一个小学六年级的女孩子，在升入六年级之前，杨阳都非常贪玩，不喜欢学习，可是她马上就要升入初中了，心里产生了压力，所以最近都非常努力地学习。

老师要求同学们每人为每科准备一个错题本，杨阳之前完全没有把老师的话放在心上，也不在意老师的批评教育。最近，杨阳发愤图强，开始记起错题来了。

可是，她记错题的时候，完全不思考，就想应付一下，结果她错题本上的题越来越多，还有好多是相同类型的题目。

老师发现了杨阳最近的改变，她觉得很欣慰，可是当她检查了杨阳的错题本，却发现了不少问题。

老师找到杨阳，对她说：“杨阳，老师要求你们记错题，并不是想要让你们应付作业，而是要从错题中总结经验，保证下次不要再犯同样的错误，你明白吗？”

杨阳说：“老师，我知道了，可是我真的没有时间看错题了，我还有好多数学公式、英语单词和语文古诗要背，我要抓紧时间背这些。”

老师苦口婆心地向杨阳说明了记错题的重要性，可是杨阳都充耳不闻，继续按照她的方法学习，最后成绩不但没有提高，反而下降了不少。

☆☆☆

故事中的杨阳是一个固执己见的女孩子，她觉得整理错题只是为了应付作业，从来都没有把错题放在心上。殊不知，研究错题是很重要的，因为错题反映了你的错误思维和知识漏洞，尽快找到它们并解决问题才是最好的学习方法，而不该一味地背单词和课文。

有很多同学，他们都是非常盲目地学习，他们觉得学习是枯燥无味的、是机械性的，所以他们学习是为了完成老师布置的任务，他们并没有在学习过程中思考问题。记错题的时候，他们甚至会为了应付老师，而在本子上胡乱记一些题目，这是毫无意义的行为。

记错题是一个“查漏补缺”的过程，错题能够让你知道自己有什么知识漏洞，让你了解自己的弱项，你可以根据自己的弱项，找到适合自己的学习方法，总结学习经验，达到提升学习能力的目的。

☆☆☆

卜妍妍是一个刚刚升入初中的女孩子，她在小学的时候，学习刻苦认真，成绩优异，性格开朗活泼，大家都很喜欢她。

到了初中以后，老师要求大家为每一个学科准备一个错题本，随时将练习中做错了的题目记录在错题本上，老师会抽查。

卜妍妍觉得这是一种非常好的学习习惯，所以每天都坚持记录错题，并且经常利用课间休息时间翻看错题。

卜妍妍的同桌燕燕为了完成老师的任务，也经常记录错题，有时候为了凸显自己的刻苦认真，还会将一些做对了的题目记上去充数，但是从来都不会翻看错题本。

渐渐地，卜妍妍的错题本上题目越来越少，而燕燕的错题本上题目却越来越多，有很多错题都是同种类型的，可燕燕却丝毫没有察觉。

燕燕对卜妍妍说："妍妍你应该多记一些错题，你的错题本上题目这么少，会被老师批评你不认真、偷懒的。"

卜妍妍说："可是我确实已经把所有的错题都记录了，老师问起来我也问心无愧。"

后来的每次测验，卜妍妍都在逐渐进步，而燕燕却做得越来越差。

☆☆☆

故事中的卜妍妍是一个严谨认真的女孩子，在她看来，学习是为自己，而不是为了应付老师布置的任务。她细心地整理错题，每天都进行翻看，从中总结经验，让自己不断地提升学习能力，而不是只知道记错题，却丝毫没有用处。

盲目地记错题是事倍功半的，这样不仅会浪费你的时间，还会让你在复习的时候摸不着头脑，觉得自己什么都不知道，什么知识都记得模棱两可，想要补全漏洞，可是又无从下手。记错题绝不是一个机械的、按部就班的过程，它是有很多技巧的。

第一，我们在记录错题时，要有思考的记录。当你有同类型的题目做错了的时候，可以从中挑一个比较经典的题目，记在本子上。记错题不要注重“量”，而要注重“质”，每一个类型记一道或者两道就可以了，不要白白地浪费时间。

第二，我们可以在每个题目之前都做一个简单的标注，记录一下它是什么类型的题目。这样做，既可以让你在整理过程中思考得更加全面，还方便以后查看。

第三，记完错题要经常查看，总结经验，以求下次不要再犯相同的错误。如果你单单是记录了错题，却没有思考错误的原因，那么你的错题只会越来越多，因为你没有思考的过程，做任何事情都要动脑子，不要让错题越来越多。

第三章

女孩的时间很宝贵

——有计划，女孩才能有所成就

时间就像是捧在手中的沙子，总是在不经意间流走。女孩可能觉得自己还年轻，时间还多得是，但女孩也不要忘了，每个人的时间就那么几十年，只会越用越少，不会越活越多。所以，女孩要学会善用有限的时间，给自己的时间做一个计划，让自己的生活更有计划和成就。

早睡早起，让时间不再浪费

爸爸妈妈总是会告诉我们：“早睡早起身体好。”其实，早睡早起不只有这一个好处，它还可以让我们珍惜时间，去做一些更加有意义的事情。可是，作为青少年的我们却很难做到早睡早起，其根本原因还是在于惰性。拒绝懒惰心态，我们就能多出很多时间。

☆☆☆

吴雨桐有一个令人头痛的坏习惯，就是喜欢赖床，每天都需要妈妈喊很久才肯起床。

妈妈观察了一段时间，终于找到了她赖床的原因。原来，每天晚上，吴雨桐都会熬夜看课外书，这让她早上根本起不来床。

虽然妈妈也鼓励她多读书，但却不能因为看书而熬夜晚睡，影响第二天的正常生活和学习。妈妈决定找吴雨桐好好谈一谈。

尤其是最近吴雨桐刚刚上六年级，既要为初中生活做准备，要学习的东西也一下子多了起来，这让她感到力不从心，晚上再熬夜读书使得她每天都过得很疲惫。

妈妈看见她这个样子，便问她：“桐桐，你知道你为什么会这么累吗？”

吴雨桐无奈地回答：“还不是因为老师布置的作业太多了，做完作业还要预习功课，完全没有休息的时间。”

妈妈摇了摇头问她：“邻居家的玲玲和你是同一个班级的，怎么每天都那么精神饱满呢？”

吴雨桐低下头回答不出来。

妈妈接着对她说：“因为你每天睡得晚，早上就起不来，为了上学不迟到又必须得按时起床，所以你一整天都因为睡眠不足而没有精神，影响了学习的进度，才会使你课下觉得作业多、功课重。你如果养成早睡早起的好习惯，一定能提起精神，提高学习效率的。”

吴雨桐听了妈妈的话，觉得非常不耐烦，心想：“我不就是喜欢在睡前看会课外书吗，怎么就成了坏习惯了呢？”她无视了妈妈的话，依旧坚持自己“晚睡晚起”的不规律作息习惯，浪费着宝贵的时光，成绩一落千丈，身体健康也受到了严重的影响。

☆☆☆

故事中的女孩吴雨桐经常睡懒觉，这源于她总是晚睡，不规律的作息习惯不仅耽误了她宝贵的时间，还会让她感到提不起精神。糟糕的精神状态影响了学习的效率，导致她总是觉得自己很累，而且一无所获。

我们总是喜欢把赖床的理由归咎于学得太累了，其实并不是这样的。有很多同学，她们一直都在“假装努力”，她们一回到家，就会把书本作业摆在桌子上，开始写作业。可实际上，心已经“飞走了”，并没有在聚精会神地做作业，只是在摆样子。这样做造成的结果就是作业要写到很晚，她们睡得很晚，自然会赖床了。

真正懂得珍惜时间的人，是不会浪费一分一秒的。她们会高效率、高质量地完成作业。这样一来，不仅能在规定时间之前完成作业，还能有时间复习和预习一下功课。她们上床睡觉的时间提前了，就很容易早起了，不仅珍惜了时间，还让精神变好了。

☆☆☆

戚玉婷是一个小学六年级的女孩子，她自制力非常强，每天不用父母和老师督促，自己就会严格要求自己的生活和学习。

戚玉婷每天早上都会早起，收拾好自己的床，然后洗漱，再开始背英语单词或者语文古诗。

每天，戚玉婷到学校时都是精神抖擞的，同桌芙芙非常佩服她。芙芙每天都因为睡不醒而精神不佳，每天上课都会打瞌睡，不仅听课效率急剧下降，就连一些基本的作业都无法完成。

芙芙向戚玉婷请教，问她："婷婷，你每天怎么都这样有精神啊？而且你的作业也都完成了，你是怎么做到的？"

戚玉婷说："因为我总是一回到家里就聚精会神地写作业，其实作业并不是很多，只要你认真写，就一定能完成的。"

芙芙点了点头，戚玉婷接着说："我给自己规定了一个时间，到了时间必须上床睡觉，起床也是有规定时间的，不能赖床，这样还能利用早晨的时间背一背书。"

芙芙听了，也开始像戚玉婷那样给自己制订计划，学习状况果然得到了改善。

☆☆☆

故事中的戚玉婷是一个自律性很强的女孩子，她从不赖床，早睡早起，让自己的精神保持在最佳的状态。这样也可以为她赢得很多时间，去巩固一下之前学习过的知识，或者去预习一些将要学习的知识。

作为女孩子，我们和男孩子比起来要更加踏实、稳重，我们大多不会因为游戏耽误时间，但是我们有时候会因为难以集中注意力而浪费很多学习和休息时间。只要我们能够有效地提高自己的学习效率，那么早睡早起便不是什么难题了。

首先，我们要保证自己写作业的速度。我们都知道，做题慢可不是一件好事。如果你没有在日常的练习中养成好的做题习惯，总是慢悠悠的，那么你在考试的时候，就会觉得自己同样无法集中注意力去做题，最后结果会很糟糕。

其次，如果遇到很难的题目，我们可以暂时把它略过去。在做题的过程中，有些知识盲点是正常的，不要总是钻牛角尖，在难题上浪费太多时间，第二天再去请教老师和同学们也是一种不错的选择。

最后，可以为自己制订一个作息计划表，要求自己到达规定时间以后必须休息。只有保证早睡，才能做到早起，并且能有一个好的状态去面对学习和生活。

假期也不要完全“放飞自我”

处于我们这个年龄阶段的同学，大多都患有一种“疾病”，叫作“假期综合症”。患上这种“疾病”的人，一到假期就会“放飞自我”，不论老师布置了什么任务，她都会抛之脑后，等到临近开学的时候，又开始愁眉不展，害怕写不完作业，以至于不想开学。这种“疾病”在我们中间迅速蔓延，我们应该及时找到根治的方法。

☆☆☆

朱可心是一个小学五年级的女孩子，她有些贪玩，不喜欢学习，这让她的父母感到十分头痛。

一次放暑假时，朱可心整个假期都到处去玩，即使是待在家里，也从不学习，而是看电视、听音乐。

一天，朱可心又准备出去玩，朱可心的妈妈实在忍无可忍了，便对朱可心说："可心，你可不可以不要只知道玩，你是个学生，你的首要任务是学习。这次放暑假，老师肯定布置了不少作业，你还不抓紧时间写，要留到什么时候呢？"

朱可心说："妈妈，平时上学的时候，我的学习压力就够大的了，现在好不容易等到了放暑假，您可不可以别再唠叨我了，让我出去玩一会吧，等到快开学的时候，我自然就会写作业了。"

妈妈还想说些什么，可是朱可心早就"一溜烟儿"地跑掉了，任凭妈妈如何呼喊，她都不回来，妈妈只能无奈地摇了摇头，由着她去了。

"快乐"的日子总是格外短暂，眼看就要开学了，可是朱可心还有一大堆作业没有写。她非常着急，可是这时候，着急也于事无补，朱可心只能硬着头皮去上课，等待她的是老师的批评与惩罚。

☆☆☆

故事中的朱可心是一个调皮、贪玩的女孩子，在她的心中，要抓住一切机会去玩耍。当她的妈妈劝她好好学习时，她只觉得妈妈太啰嗦，一点也不体谅她。对于妈妈的劝说，她无动于衷。可是该面对的总要面对，等到开学那一天到来，她也会因为她的懒惰付出相应的代价。

其实，爱玩是每个人的天性，不光是我们这个年龄层的孩子，就连我们的爸爸妈妈都会有一些贪玩、逃避工作的心理。可是心理成熟、懂得珍惜当前的人会利用自身的控制能力把这种贪玩心理去除掉。而那些只知道玩耍，不想付出一点努力的人，就只能居于人后，无法进步。

对于我们而言，趁早戒掉这种“放飞自我”的天性是至关重要的。我们或许觉得，放假就是用来玩的，不然假期就失去了它的意义。可我们不要忘了，我们是学生，学习是无止境的，我们需要在学习的路上探索，而不是白白地浪费时间。

☆☆☆

徐欣天是一个小学六年级的女孩子，她有着超强的自控能力，在做每一件事情之前，她都会为自己制订计划。假期的时候，她也会提前为自己做好安排，然后严格地按照计划执行。

今年暑假，徐欣天一如既往地为自己制订了计划，她要求自己除了完成老师布置的作业，还要读一些课外书籍，丰富自己的知识储备。

就这样，从放暑假的第一天一直到最后一天，徐欣天都过得非常充实。

开学之后，徐欣天的同桌天天因为没有完成作业被老师批评了。天天非常委屈，他向徐欣天抱怨说：“欣欣，好不容易放暑假了，老师还留了这么多的作业，还不允许我们放松一下了。”

徐欣天笑着说：“其实，我觉得老师布置的作业并不是很多，只要你每天都按计划完成，就会非常轻松的。”

天天说：“可是我一回到家里就想着玩，不想写作业。”

徐欣天说：“我们是学生，学习是我们的责任，我们必须要担负起这个责任，不要将时间白白地浪费掉。”

☆☆☆

假期不要“放飞自我”，并不是禁止一切娱乐活动，所以我们不要过于紧张，放轻松地对待假期就好。作为女孩子，我们有一个优点，就是踏实稳重，所以我们可以采用提前制订计划的方式来避免荒废假期。

首先，我们应该根据自己的实际情况制订出一套假期计划。每个人的具体情况不同，学习方式也就有所不同。学习成绩较差的同学，可以在完成作业的基础上，为自己制订一个复习计划，将学过的知识都回顾一下，提升自己的成绩。而学习成绩较好的同学，可以进一步提升自己，让自己多看一看课外读物，丰富见识。

其次，我们不可以总是“明日复明日”。“明日复明日，明日何其多”，如果只知道拖延，那么你的假期就都荒废掉了。美好的时光，除了玩耍，我们还有更重要的事情要做，不要整日无所事事。

最后，我们一定要记住：制订了计划，就一定要实施。不可以得过且过，这样计划就成了一张空头支票，没有任何意义。

可行的计划才是好计划

我们制订计划就是为了实施计划、提升自己，但是很多人总是习惯性地遗忘这一目的，在制订计划的时候总是不切实际。他们靠空想制订出来的计划大多都是不可行的，那么计划就失去了它本身的价值，这样的计划是毫无意义的。

☆☆☆

钟羽芬总是被同学们戏称为“空想家”，因为她总是喜欢为自己制订一些不可行的“小目标”，最终都会化为乌有。

钟羽芬目前处于小学六年级，面对即将到来的升学考试，老师要求同学们都为自己制订一份学习计划，以及自己预期要达到的成绩。

钟羽芬听了这件事，又开始为自己定“计划”了。

当老师要求同学们当着大家的面，说出自己的学习计划时，钟羽芬说：“我决定以后每天晚上十二点睡觉，五点起床，考到全班第一。”

她这话一出口，大家都惊呆了，以钟羽芬现在的成绩，想要达到这个目标是不可能的，而且她说十二点睡觉，五点起床，不一定能够保证休息的质量，连精神状态都会受到影响。

老师并没有当众给钟羽芬难堪，而是私下找到她，对她说：“芬芬，老师知道有梦想是好的，可是不可以总是制订一些不切实际的计划。”

钟羽芬并没有听老师的劝导，依旧坚持自己的计划，可是她完全无法做到五点起床，计划只能不了了之了。

☆☆☆

故事中的钟羽芬是一个喜欢空想的女孩子，她总是为自己制订一些无法实现的计划。制订计划以后，她不会一门心思地朝着目标努力，而是继续保持之前懒惰的状态。那么，这样的计划只能让别人瞧不起，没有什么实际的意义。

我们有梦想是很了不起的，但是一味地胡思乱想却是最愚蠢的行为，这样做简直就是在浪费青春，没有任何好处。制订一个不可行的计划，就如同你想要登上一个遥不可及的高山，可你却连登山的路都找不到，只能仰望高山，不能达成登山的梦。

你可能会觉得，即使达不到梦想的高度，也是可以想一想的，万一幸运落到你的头顶呢？可是你有没有想过，幸运都是留给有准备的人的，你不付出就想得到回报，那是不可能的。计划之所以被称为计划，也是源于你能够通过制订计划、执行计划而得到成功。如果失去了这一本质，那么计划毫无意义。

☆☆☆

王思思是一个小学五年级的女孩子，她聪明伶俐，对自己要求严格，遇事不喜欢拖延，是个很有魄力的女孩子。

王思思的语文和英语成绩都非常棒，可是数学成绩一直不出挑。于是，她决心为自己制订一个学习数学的计划。

她在心中拟好了计划，把它写在了本子上。她要求自己每天晚上做一篇数学练习题，早上起床背数学公式。

第一天按照计划执行的时候，她觉得很不错。可是久而久之，她觉得自己这种学习方式对于数学学习并没有太大的帮助，反而每天都很困。

王思思仔细研究了自己定的计划，她觉得自己的数学成绩之所以没有得到提高，是因为她的计划有些问题。她每天晚上做完作业后做数学题，已经非常疲惫了，第二天还要早起，更是没有什么精神，更别提背公式了。

于是，王思思在以前计划的基础上进行了改进，保证了自己的休息时间，利用课余的一些时间恶补数学。

果然，王思思在实行新的计划以后，数学成绩提高了很多，大家都对她刮目相看了。

☆☆☆

故事中的女孩王思思在制订计划的时候，头脑清晰，思考问题严谨认真，令人钦佩。她针对自己的问题，制订出一套计划，再根据自己的实际情况，结合实践进一步完善计划。这样一来，她最终得到的计划就是最可靠、最有效的了。

作为女孩子，我们一定要学会给自己制订计划，让生活和学习都变得有条理，这样才能好好地享受生活，而不是为了生活而生活。有很多人都会觉得计划会给人束缚，大家都不想按部就班地学习。实则恰恰相反，计划能够为我们带来很多好处，我们要习惯制订计划、完成计划。

首先，我们要考虑自己的实际情况，定出一些可行的计划。我们可以参考身边学习成绩优秀的人，看看她们是如何制订计划的，但是绝不可以照搬照抄。每个人都有每个人的情况，计划要依照具体情况而定，不要盲目跟风。

其次，计划制订了就一定要执行，不然计划毫无意义。有一些同学，他们总是会在放假之前制订很多计划，并且觉得自己一定能够做到。可等到放假那一天，就把计划抛之脑后，以前发过的誓言都不做数了，心里只有玩乐。那么即使所做的计划是可行的，也会因为自己的惰性而辜负了这个计划。

最后，计划赶不上变化，计划不是一成不变的。时代在变化，环境在变化，我们也在变化。变化产生后，计划就可能会变得不那么合适了。所以，我们要学会随机应变，根据周围情况的变化制订新的计划。

零碎的时间要珍惜

“时间就像海绵里的水，只要愿意挤，总是会有的。”这是一句非常有名的话，告诫我们要珍惜时间，让一切可利用的时间都充分发挥作用。处于我们这个年龄段的孩子，就像是刚升起的太阳，我们应该朝气蓬勃、元气十足，怀着珍惜的态度去拥抱生活。

☆☆☆

侯雪英性格有些大大咧咧的，她总觉得自己的性格开朗活泼，没什么不好。可是最近，她的这种性格可是让她吃尽了苦头。

侯雪英最近才升入初中，她发现：在初中，无论是学习还是生活，都和小学有很大的区别。

初中的学习任务比较重，所以需要大家付出更多的努力，而侯雪英是那种寻找一切机会玩耍的人。她觉得在她的这个年纪，就应该以玩为主，学习可以不那么在乎。

可是，侯雪英身边的一些同学都因为感受到了初中学习的压力而奋发图强，他们抓住一切机会学习，零散的时间也不会放过，侯雪英的同桌珊珊就是这样的一个女孩子。

珊珊每天上课的时候认真听讲，下课了就趴在桌子上做题，或者是背诵。侯雪英觉得珊珊这样做太累了，从心底里不赞同珊珊的做法。她经常因此和珊珊交谈，而珊珊都是一笑了之，继续保持自己的学习方式。

渐渐地，本来成绩相差不大的两个人拉开了差距，珊珊的成绩越来越好，不断地刷新纪录，而侯雪英的成绩却一落千丈。

☆☆☆

故事中的侯雪英是一个做事不计后果的女孩子，她利用一切上课以外的时间去玩，而不是想着多看看书，巩固一下知识点。这种错误的学习方式，导致她的学习成绩越来越差，而她自己还不自知，嘲笑利用一切时间学习的同桌。殊不知，她自己才是真正的“傻瓜”。

有很多同学都觉得课余时间就是应该用来玩，如果只知道学习就会变成“书呆子”。其实，这只是懒惰的人为自己找的借口，他们肆意地挥霍着青春，自以为有大把的时光可以供他们挥霍。其实人的一生没有那么漫长，等到不再年轻时，你一定会因为曾经的任性妄为而悔不当初，与其到时候后悔不已，还不如珍惜当前。

“少壮不努力，老大徒伤悲。”这是我们的先辈为我们留下的经验，我们不能熟视无睹，走一些没有意义的弯路。不懂得珍惜时间就是在浪费自己的青春，没有人会永远停留在青春年少时。你会成长，当你的心态成熟之后，你会发现自己当初是多么幼稚，可那时候后悔就来不及了。

☆☆☆

段于眉是一个小学五年级的女孩子，她聪明伶俐、稳重踏实，学习成绩优异，是同学们的榜样。

一次期末考试，段于眉又取得了全班第一的好成绩，大家都非常佩服她。老师见她次次成绩优秀，便请她为大家介绍自己的学习方法，供大家借鉴。

段于眉站在讲台上，先问了大家一个问题，她说：“同学们，我想先问大家一个问题，大家在课间时间和上下学时间，还有一些零碎的时间都会做什么？”

同学们有的会用来玩耍，有的会用来睡觉，还有的会用来和同学们聊天……

段于眉听了大家的回答，笑了笑，说：“我会用这些时间来看一看书，回顾一下老师讲的知识点，或是背一背课文和单词。同学们总是抱怨时间不够用，老师布置的作业太多，可是扪心自问，我们真的尽力去学习了吗？倘若你心中装着学习，那么就不会存在时间不够用的问题了。”

同学们听了段于眉说的话，都感触颇深。就这样，在段于眉的带领下，大家都开始利用零散时间学习，班里的学习氛围空前浓烈。

☆☆☆

故事中的女孩段于眉非常懂得珍惜时间，一切零散的时间都会被她用来学习，她的学习成绩优秀不是没有理由的，是她用辛苦和勤奋换来的。她的毅力和自制力让同学们都十分佩服，纷纷向她学习，充分利用每一分每一秒，活出更好的人生。

作为女孩子，我们要更加懂得珍惜时间。在学习上，我们相较于男生的优势就在于勤奋和踏实。或许你会觉得自己很聪明，可以少付出努力，凭借小聪明就可以完胜别人。但是你的小聪明不可能跟你一辈子，踏实努力才是真正的制胜法宝。

第一，在很多同学的脑海中，都对零散时间没有一个明确的定义。零散时间可以是课间，可以是等公交车的时间，也可以是排队打饭的时间……只要你细心，只要你想珍惜时间，你就会找到很多零散时间。

第二，零散的时间都该用来做什么呢？零散的时间大多都很短，我们可以利用这个时间做一道数学题，背几个英语单词，读一读语文的课文。总之，零散的时间最适合做一些简短的学习任务，这样不会打断你的思路，影响你的思考。

第三，我们不能盲目跟风，看见别人利用零散时间，自己也开始装装样子，这样的人只是假勤奋，这种做法是毫无意义的。只有你真心地想珍惜时间，才能发挥零散时间最大的作用。

学习也要劳逸结合

在我们看来，与玩耍相比，学习是一件耗费精力、枯燥无味的事情。如果我们长时间连续不间断地学习，会有一种疲劳的感觉，这时候，我们需要利用娱乐活动来使自己放松心情和大脑。当你放松一下之后，回过头再去学习，就会更加高效。

☆☆☆

周雨晴是一个非常在乎学习成绩的女孩子，这本来是一件好事，可是她有些过于看重学习成绩了，在她的心里，成绩下降是一件天大的事情。

有一次，周雨晴的期中考试成绩不理想，其实也没有太差劲，但是她因为这个成绩不停地质疑自己的能力。

从那次考试以后，周雨晴学习就更加拼命了，她非常害怕自己会再次退步。于是，她开始不分昼夜地学习，同学们喊她出去玩，她也不理不睬。

老师发现了她的问题，找到她，对她说："雨晴，学习应该劳逸结合，不要太过在意学习成绩，大家都是这样的，这次退步下次进步，没什么可伤心的。"

周雨晴说："不是的，老师，我觉得自己并不聪明，所以只能勤奋刻苦地学习，才能让自己的成绩提高。"

接下来，任凭老师如何开解周雨晴，她都不为所动。她的父母见状，也开始劝导她，可她依然固执己见。

最后，周雨晴因为劳累过度，在学校里昏倒了，惹得同学们、老师和家长都担心极了，周雨晴的身体也出现了问题。

☆☆☆

故事中的女孩周雨晴太过于在意成绩了，与她同龄的孩子们大都是天性贪玩，而她却天性好学。这本应该是一件值得表扬的优点，可却成了导致周雨晴晕倒的罪魁祸首。周雨晴因为学习成绩退步，一再质疑自己，她靠着无休止地学习提升自己的成绩，可是最终却害苦了自己，也折磨了关心她的人。

有很多女孩子，她们总是妄自菲薄，觉得自己不聪明，所以，她们就用超乎常人的努力与刻苦去为自己赢得一个好的学习成绩。这是一种非常励志的行为，同时也是一种存在危害的行为。当你长时间不休息的时候，你的大脑会变得迟钝，而且休息时间不足也会对你的身体造成伤害，这是得不偿失的做法。

真正爱学习、会学习的人，她们会劳逸结合，当学习太久感到疲惫的时候，她们就会主动为自己寻找一些休息、放松的方法，让自己的大脑暂停一下。等她们休息得差不多了，她们就会重新启动自己的大脑，让自己回归到学习中去，这时，她会觉得自己精神更加集中了。

☆☆☆

龚雪琴的学习成绩非常好，她是属于那种学习、玩耍和课外活动都能兼顾的女孩子，这一点让大家钦佩不已。

龚雪琴目前正在上小学六年级，她非常喜欢跳舞，所以加入了学校的舞蹈兴趣小组。

有一次，舞蹈兴趣小组组织大家去参加一个舞蹈比赛，鼓励大家积极参加。可是马上就要期中考试了，大家都害怕会因为这个舞蹈比赛而耽误学习，所以大家都没有报名。

正当老师左右为难的时候，龚雪琴站了出来，决心参加这个舞蹈比赛。自此以后，龚雪琴每天除了要学习，还要去练习跳舞。

舞蹈比赛当天，龚雪琴凭借精湛的舞蹈技巧惊艳了评委们，取得了一等奖的好成绩，大家都为她感到开心，同时也担心她会在期中考试中考不好。

可结果却出人意料，龚雪琴考出了全班第一的好成绩，令大家震惊不已。同桌燕燕问龚雪琴："琴琴，你是怎么做到学习和跳舞两不耽误的。"

龚雪琴笑了笑，说："其实在我看来，学习是'劳'，而跳舞就是'逸'，要劳逸结合才能让生活充满希望与阳光。"

☆☆☆

故事中的龚雪琴是一个十分懂得劳逸结合的女孩子，她喜欢跳舞，但是她清楚地知道学习才是她最重要的任务，可是，学习和舞蹈并不矛盾。在学习之余，跳一跳舞让自己的身体和心灵都放松一下，然后再神清气爽地投入到学习中去，也能提高学习效率。

作为女孩子，我们不应该总是自寻烦恼，给自己施加不必要的压力。学习觉得累了，就去玩一会或者闭目养神，这能够帮助我们舒缓疲劳，也能为我们之后的学习积蓄力量。劳逸结合是一种学习的智慧，是我们需要学习的。

第一，我们要知道，一味地给自己施加压力，对于提升自己并没有什么帮助。适当地放松一下，这不是在浪费时间，反而是在珍惜时间。

第二，放松分为身体上的放松和心灵上的放松。身体上的放松，我们可以做一做运动，舒展一下自己的身体；心灵上的放松，我们可以听一听音乐，唱一唱歌。放松的时候就抛开一切与学习有关的烦心事儿，让自己彻底地放松一下。

第三，劳逸结合是将学习和娱乐结合起来，我们不能只想着娱乐，要清楚学习才是我们的首要任务。所以，劳逸结合是学习占主要地位，娱乐起辅助作用的，千万不可以本末倒置。

第四章

利用大脑规律巧学习

——女孩必须掌握科学的学习方法

很多时候，我们都会觉得学习是件很枯燥无味的事情，但作为有理想、有追求的女孩又不能不学习，这可怎么办呢？其实，学习的方式、方法有很多，并不是只有“死记硬背”。

有时候，只要找对了方法，学习就能变得轻松起来，让女孩获得更大的进步和成绩。

女孩用“右脑”思考

科学研究证明，大脑分为左半球和右半球。一般左脑具有语言、概念、数字、分析、逻辑推理等功能；右脑具有音乐、绘画、空间几何、想象、综合等功能。换句话讲，左脑负责抽象思维和分析思维，右脑则负责具象思维和创造性思维。作为女孩子，我们应该更注重于发展自己的创造性思维，用“右脑”思考问题，因为“右脑”是创造力的源泉。

☆☆☆

杜美欣是一个小学五年级的女孩子，她学习成绩优秀，但是除了学习，她却别无所长了。她的这个缺点让她的爸爸妈妈忧心忡忡，便想出一切办法培养她的特长。

杜美欣的妈妈曾经给杜美欣报过很多艺术方面的学习班，可是杜美欣十分厌烦艺术方面的学习，妈妈只好作罢。

后来，妈妈通过看电视宣传，了解到一个专门培养孩子发明创造能力的学习班，便想让杜美欣去试一试。杜美欣答应了妈妈的提议，开始了她的课外学习生活。

杜美欣本来觉得自己成绩那么优秀，这些发明创造也肯定难不倒她。可是，去学习的第一天，杜美欣就开始愁眉不展，因为她完全听不懂老师在讲什么，跟不上老师的思维。当她看着周围的同学都兴高采烈地着手自己的创造时，她心中空落落的，十分委屈。

老师见她情绪低落，便上前去询问，说：“欣欣，你怎么了？”

杜美欣向老师说明了自己心情不好的原因，老师笑了笑，开始给她讲解思维模式，可是任凭老师如何讲解，杜美欣都对创造提不起兴趣。比起创造，她还是喜欢按照课本学习。最后实在没有办法，杜美欣的妈妈只能打消了培养杜美欣创造思维的念头。

☆☆☆

故事中的女孩杜美欣学习成绩优异，可是她的知识是浮于表面的，她只会对着课本照搬照抄。当父母想培养她的创造力时，她不但没有珍惜机会，还用一种消极的态度看待这件事。最终，学习班里的老师也无能为力，即便她的学习很好，可是她的思维能力却远远比不上同龄的孩子们。

我们应该做富有创造精神的一代人，不能只知道学习书本上的知识，一味地想着提高学习成绩。学习成绩并不代表你的所有，别人可能会因为你的学习成绩优异而佩服你，但他们不会称赞一个除了学习什么都不会的“书呆子”。我们应该提高自己的创造性思维，将知识应用于生活。

科学家曾说：“右脑最重要的贡献是创造性思维。”与用“左脑”思考不同，用“右脑”思考可以让我们更具创造力，能够做到统筹兼顾，把我们的思维模式扩大，不再仅仅拘泥于一点。同时，我们可以感受创造力为我们的生活和学习带来的无穷乐趣，使生活更加丰富多彩。

☆☆☆

吴帆帆是一个小学六年级的女孩子，她非常喜欢动脑筋，她的小脑袋里仿佛有很多稀奇古怪的想法，每天都会给身边的人带来惊喜。

吴帆帆的英语老师会要求班上的同学背英语课文，这个要求令同学们苦不堪言。可是，吴帆帆却对此颇感兴趣，决定要帮助大家克服害怕背英文这个心理障碍。

她先试着用常规的办法背了背英文，因为她的英语基础比较好，所以背起来没有太大的困难，可是对于那些英语基础不是太好的同学，就显得格外困难。

这让吴帆帆明白，光靠死记硬背是行不通的，要灵活运用知识。于是，吴帆帆开始着手准备，将英语课文编成有节奏的歌，让同学们背诵。

吴帆帆先将这个方法教给了她的同桌芝芝，芝芝的英语成绩中等，她觉得吴帆帆的背诵方法帮助她提高了背诵的效率，还延长了记忆时间。

吴帆帆还把这种方法推荐给了几个英语成绩不太好的同学，大家纷纷称赞吴帆帆的背诵方法有趣、有效。

后来，老师知道了这件事情，当众夸奖了吴帆帆，说她是一个富有创造力的孩子，让大家向她学习，不要只知道死读书，要活学活用。

☆☆☆

故事中的女孩子吴帆帆不光成绩优秀，还喜欢灵活思考，运用自己的创造思维将书本上的知识变为真真切切属于自己的知识。她还运用自己的才华帮助了周围的同学们，让大家也感受到学习不能按部就班，要勤于动“右脑”，开发自己的创造力。

作为女孩子，我们更加感性，因此我们应该更加善于让“左脑”和“右脑”结合起来思考问题。“左脑”代表理性的论理思维，而“右脑”代表感性的创造性思维，左右脑结合才能更好地思考问题。

首先，我们要懂得怎样开发自己的“右脑”。智慧来源于生活，我们可以经常“突发奇想”，做一些小发明、小创造之类的东西，开阔自己的思维模式，还可以将我们所学的知识转化为有旋律的歌曲或者诗歌，这样既增加了我们学习的热情，还可以让我们的“右脑”更加灵活。

其次，我们不要将用“右脑”思考想象得太过困难，无论是谁，只要稍稍费些功夫就能够开发自己的右脑。我们可以经常听音乐，锻炼自己用左手做事，经常欣赏艺术品，放飞自己的想象力，这些都可以帮助我们开发自己的右脑。

最后，我们不能只顾着用“右脑”思考，也要多多用左脑，左右脑结合起来，才能帮助我们更加全面、缜密地思考问题。

大脑学习也有“黄金时间”

我们的大脑有自己的变化规律，顺应这个规律能够帮助我们更加高效地学习。科学家通过大量的研究证明：人的大脑有三个高峰期间，即早晨起床后、8：00、18：00后的两个小时左右。在这三个高峰期，脑神经处于高度活跃状态，我们的思维灵敏、学习效率高。而错过了这三个高峰期，我们的大脑就会感到疲劳，学习效率随之降低。

☆☆☆

言希仪是一个作息时间不规律的女孩子，白天该学习的时候不学习，晚上该休息的时候不休息。这让她的成绩一直难以提高。

妈妈因为这件事非常担心，就对她说："小希，你不能总是这样，你这样没有规律的生活，不光会让你的学习成绩下降，还会对你的身体造成伤害。"

言希仪听了妈妈的话，却不以为然："妈妈，我现在还小，以后有的是时间学习和努力啊。"

妈妈语重心长地说："可是你知不知道，学习是有'黄金时间'的，你现在正是记忆力最强的时候，现在不用心学习，就是错过了学习的'黄金时间'。你这样是无法高效率学习的，只能是浪费时间，荒废青春。"

面对妈妈的劝告，言希仪虽然口头答应了妈妈会用功学习、改掉自己的不良习惯，但暗地里还是我行我素，把学习的"黄金时间"都错过去了。

☆☆☆

故事中的女孩子言希仪不懂得学习是有"黄金时间"的，她每天的生活和学习没有任何的规矩和规律可言，这是一种浪费时间的表现。当妈妈劝告她时，她也没有当回事，结果只能毫无收获，把时间都浪费过去了。

和"黄金睡眠时间"相同，学习也有"黄金时间"，可是，我们总是习惯性地忽略这个"黄金时间"。有些同学属于"夜猫子"这一类型的，偏偏喜欢利用晚上时间学习，白天的时候疯狂地玩耍或是睡觉。他们可能觉得自己这样做无可厚非，因为他们的学习时间从长短上来看和别的同学是一样的，可是她们的学习效率却比别人差远了。

作为学生，我们就该担负起我们应尽的责任，好好钻研学习方法，利用一切提升学习效率。虽然学习成绩并不是我们的全部，可我们不该毫不在乎学习成绩，因为它从某种程度上来说是我们能力的象征，因此，好好研究学习方法才是我们的首要任务。

☆☆☆

周娇彭是一个小学五年级的女孩子，她学习成绩优异，是同学们眼中的榜样。而且周娇彭并不是一个只懂得学习的“书呆子”，她唱歌、跳舞样样精通，是一个货真价实的“小才女”。

周娇彭的同桌妍妍是一个学习成绩不太好的女孩子，可是她每天都用很多时间去学习，但学习成绩就是提不上去，这让她感到十分苦恼。

周娇彭看见妍妍这样痛苦，便决心要帮助她。周娇彭先问妍妍：“妍妍，你每天都什么时候学习啊？”

妍妍说：“我每天光是写作业都会写到很晚，写完作业再复习一下当天学习的知识，都要到晚上十一点了。”

周娇彭听了，觉得非常惊讶，对妍妍说：“那你每天都学习到这么晚，第二天几点才能起床啊？”

妍妍非常无奈地说：“我每天都觉得自己睡不醒，所以每次起床都会很晚，快上学了才起床，急急忙忙地收拾一下就去上学了，有时候连早饭都顾不上吃。”

周娇彭听了，立刻明白了问题所在，她帮助妍妍重新制订了一份学习计划，要求妍妍不能晚睡，要早上早起学习。

妍妍照着这份计划去做了，坚持了一个月以后，效果显著，周娇彭和妍妍都开心极了。

☆☆☆

故事中的周娇彭是一个能够抓住“黄金时间”去学习的女孩子，她这种学习方法，不用花费很多时间去学习，就能收获不小。周娇彭将这种方法教给了她的同桌妍妍，果不其然，妍妍的学习成绩也取得了很大的提高。事实证明，利用“黄金时间”去学习，真的会事半功倍。

作为女孩子，我们更加应该有一个规律的作息时间，这是对我们学习的负责，也是对我们身体健康的负责。抓住学习的“黄金时间”能够帮助我们提高学习效率，做到用最少的时间学最多的知识，那么我们应该如何抓住学习的“黄金时间”呢？

首先，我们要明白，科学家研究出来的“黄金时间”是针对大多数人的，肯定会有极少部分人与这个研究结果不符，这时候不要怀疑自己，多做几次实验，看看自己的“黄金时间”到底是什么时候，然后按照自己的“黄金时间”去学习。

其次，即使有的时候我们无法完全按照“黄金时间”去学习，也要尽力朝着这个方向努力，不要因为达不到就自暴自弃，这是十分愚蠢的行为。

最后，不要因为自己的“拖延症”错过了学习的“黄金时间”。当今社会，我们普遍患有拖延症，这是一种非常可怕的疾病，让我们毫无意识地荒废时间。为了应对拖延症，我们可以为自己制订一个计划，找朋友或者家长做我们的监督人，帮助我们克服拖延症，不错过学习的“黄金时间”。

课堂时间最宝贵

我们作为学生，在学校的学习生活占据了我们生活中的大部分时间，其中最重要的就是课堂时间。有些同学总是觉得自己可以选择课上不听讲，然后利用课下时间自学。这绝对是一种得不偿失的做法，不仅会让我们错过老师所讲的重要内容，还会让我们浪费更多的课余时间去填补缺口，所以我们还是应该把握住宝贵的课堂时间，认真听课。

☆☆☆

祝雨桐是一个小学五年级的女孩子，她学习成绩中等，可这并不是她的真实水平，如果她愿意改变一下自己的学习方法，她会取得很大的进步。

祝雨桐有一个非常不好的学习习惯，她总是喜欢在上课时间走神或者睡觉，老师和家长都曾因此批评过她，但是她屡教不改。

有一次，祝雨桐又因为在课上睡觉被老师叫到了办公室。老师对祝雨桐说："雨桐，你为什么不能在课上聚精会神地听讲呢？这对你的学习是有很大的影响的。"

祝雨桐不以为然，漫不经心地对老师说："老师，我只是昨天晚上睡得太晚了，所以今天很困，才没有控制住自己，我以后不这样就好了，您就原谅我吧。"

老师听了祝雨桐的辩解，有些生气地说："雨桐，你可不只是今天这样，你以前经常在课上打瞌睡，而且还会走神。你不可以再这样下去了，课上时间是非常重要的，你现在的成绩中等，如果你抓住了课上时间，那么你就可以得到很大的提升。"

祝雨桐面对老师的劝说不置可否，依旧坚持着自己的学习方法，最终成绩不但没有提高，反而逐步下降。

☆☆☆

故事中的女孩祝雨桐非常固执，她觉得自己不用在乎课堂时间，不用听老师讲课也可以“自学成才”。可是，老师比我们有更多的经验，她们会为我们总结出一些常见的问题和一些我们容易忽略的知识点，听老师讲课，我们会学到很多东西。祝雨桐就是因为不明白这一点，成绩才越来越差。

有很多同学都意识不到课堂时间的重要性，他们注意力难以集中，老师讲课的时候只是呆呆地看着黑板，思维已经不知道飘向哪里了。可是在课下的时候，他们又开始悔不当初，觉得自己没有好好利用时间，然后开始疯狂地学习本应该利用课上时间学习的知识。这样只是徒劳，白白地浪费了课堂的时间。

我们这个年纪，可以多多利用课余时间发展自己的兴趣，但是要建立在把学习处理好的基础上。这就需要我们紧紧地抓住课堂时间，把知识牢记在心，课余时间就可以放松一下自己，发展自己的课余兴趣了。

☆☆☆

范晓萱是老师和同学们眼中的乖孩子，她聪明可爱，上课认真听讲，对于老师布置的任务也积极完成，所以她的成绩一直在班级里名列前茅。

范晓萱成绩优秀，可是她并没有像有些同学那样夜以继日地学习，也没有参加过什么课外补习班，她完全就是利用课堂时间去学习的。

有一次，范晓萱的同学小铭向她请教学习经验，范晓萱对他说："其实我并没有像大家所想的那样，总是花费很多时间去学习，课余时间我还要参加舞蹈训练，并没有时间去学习。"

小铭感到很奇怪，说："那你是怎么一直保持学习成绩这么优秀的呢？"

范晓萱说："因为我总是能很好地利用课堂时间，课上老师讲课的时候，我会聚精会神地听讲，还会把一些重点内容记下来，将所有的知识点利用课堂时间进行理解、记忆。这样一来，我就不用费很多课下时间去学习了，只需要把课上的知识巩固一下就可以了。"

范晓萱的话让小铭茅塞顿开，他终于知道课堂时间是多么宝贵了。接下来的日子里，小铭也十分珍惜课堂时间，最终成绩也得到了提高。

☆☆☆

故事中的女孩子范晓萱十分懂得珍惜课堂时间，她会聚精会神地听讲，让自己的思维完完全全跟着老师走，做到在课上就把知识都消化掉。这样一来，她就可以利用课间去做一些其他的事情，不必只想着学习这一件事情，可以发展自己的长处，做一个多才多艺的女孩子。

作为女孩子，我们在学习过程中应该学会打好基础，不要错过课堂这个宝贵的时间，抛开一切杂念，仔细听老师讲课。这样不仅可以帮助我们消化知识，还可以节省更多的时间。如果你是一个容易走神、浪费课堂时间的人，那么可以参考以下几点去做。

第一，我们要给自己一个心理暗示，帮助自己坚持在课堂时间认真听讲。不要总是觉得课堂时间那么长，我们没有办法一直保持认真的状态去学习，人的精力固然是有限的，可是我们并没有那么疲惫不堪，以至于无法集中注意力去学习。我们只不过是输给了自己的懒惰思维。只要我们在心理上坚信自己可以做到珍惜课堂时间，那么我们就一定会全力以赴、突破自己。

第二，不要总是在课堂时间思想开小差。对于我们这个年龄阶段的女孩子来说，肯定会有些青春期的躁动，会想一些不切实际的问题。一旦我们产生这种想法，千万要及时地抑制住，不可以任由自己的思维发散，这样会把一节课的时间都浪费掉。

第三，我们要保证自己的睡眠充足。只有休息时间充足，才可以保证第二天有充足的精力去学习。我们不要总是把时间浪费在没有必要的事情上，青春很短，我们要活出最丰富多彩的人生。

不能被“浪费”的语言天赋

有一句话叫作：“成功，就是运用天赋去做出有效率的计划，再运用毅力做出足够的努力，两者相辅相成的结果。”所以，我们一定不可以白白地浪费自己的天赋。有天赋的我们是幸运的，但是我们不可以因为自己有天赋便不再努力，天赋只有通过努力才能发挥其最高的价值。

☆☆☆

谭欣彤是一个初中一年级的女孩子，她从小就非常有语言天赋，其他小朋友还口齿不清的时候，她已经能“出口成章”了。

小学的时候，谭欣彤凭借自己的这种语言天赋，学习成绩在班级里一直都是名列前茅，尤其是语文成绩十分出众。但这个天赋让她养成了一个非常不好的习惯，就是不喜欢努力。她觉得自己既然天赋很高，就不用像别人那样辛苦地付出了。

她的这种做法一直持续到初中，也是在上了初中以后，她的学习成绩直线下滑，虽然语文成绩还算不错，但其他科目却一落千丈。

有一次，学校要开运动会，班主任老师找到谭欣彤，对她说："老师知道你在语言学习方面非常有天赋，想提名让你做这次运动会的主持人，但是有一些关于运动方面的知识，老师希望你能提前了解一下，这样你主持的时候，也能更得心应手。"

"好的，老师，我会努力的。"谭欣彤虽然口头答应了，但却懒得去学习新知识，认为凭着自己的口才，怎么也不能主持失败啊。

到了运动会那天，谭欣彤作为女主持人站在台上，纵使她语言天赋惊人，但很多运动知识她都不了解，也就无法和男主持人搭配好。

☆☆☆

故事中的谭欣彤无疑有着良好的天赋，但她却仗着自己的语言天赋而不想付出努力，只想着收获。对于老师的提议，她也没听进心里，最终导致主持失败。

有些人总觉得自己拥有天赋是幸运的，可实际上，天赋带给你的除了幸运还有考验。倘若你完完全全地依赖你的天赋，自己不付出一点努力，那么你的成绩只能是越来越差劲，因为你没有经受住考验，上天便会收走你的天赋。这时，你没有了可以仰仗的天赋，而你又习惯了懒惰的生活状态，那么等待你的只能是无尽的折磨。

如果你在拥有天赋的同时，又拥有勤奋刻苦的美好品质，那么即使经历挫折，你也已经练就了"金刚不坏之身"，没有什么困难能够打倒你。有了天赋，就要想着如何发展它，让它一步一步地强大起来，任谁也夺不走。

☆☆☆

武欣心是一个小学五年级的女孩子，她聪明伶俐，有着很高的语言天赋，她曾代表学校参加英语竞赛，取得了非常不错的成绩，是一个名副其实的小才女。

武欣心并不是一个恃才傲物的女孩子，她有语言天赋，却并不喜欢张扬，她非常低调，和大家一样努力学习，勤奋认真。当朋友们有学习上的困难时，她也会“挺身而出”，尽自己的全力帮助他们。

最近，武欣心决定要参加一个英语口语大赛，她觉得这不光是为了赢得荣誉，同时也是一种激发自己潜力的途径。

准备英语竞赛期间，武欣心勤学苦练，从不因为自己有着过人的天赋便放纵任性。结果，经过武欣心的努力学习，她在英语大赛中取得了非常好的成绩。

老师纷纷称赞她，并以她为榜样，激励同学们。老师经常对同学们说：“说起语言天赋，我们中可能没有几个比得过武欣心同学，可是武欣心同学从来都没有因为自己有着超强的语言天赋而骄傲自满，她付出的努力只可能比我们多，不可能比我们少。我们既然语言天赋比不上武欣心同学，那么就要比她更加努力，才能得到一个好成绩。”

同学们也纷纷称赞武欣心，把她当作学习的榜样。

☆☆☆

故事中的女孩武欣心拥有远超于其他同学的语言天赋，可是她并没有把天赋当作自己可以不努力的借口，她依旧勤奋好学，从不拖延时间。她利用一切时间去加强自己的长处，参加英语竞赛，增长知识。这样的她，又怎能不令人从心底里佩服呢?

作为女孩了，我们在语言学习方面多多少少都会有优势，我们应该尽自己最大的努力，强化我们自己的这种优势，绝不可以浪费青春，把优势变成劣势。

第一，我们要尽情地发挥自己的天赋。人的天赋都是与生俱来的，你拥有天赋并不等同于你是一个有能力的人。你只有在学会发挥自己的天赋以后，才能真真正正地拥有这个天赋，将它作为提升自己的利器。

第二，想要发挥语言天赋，我们必须把天赋和努力结合起来。没有勤学苦练是无法真正地理解和学习好语言的。我们可以多背一些英语单词和课文，也要经常练习口语，可以和他人对讲，也可以观看英语录像。

第三，我们要正确地理解和对待我们的语言天赋。天赋并不等同于你一定可以轻而易举地学会语言，它只是让你学习语言时感到更加轻松。我们在学习时可能会比其他人速度快，但是不要因此洋洋自得，只有脚踏实地才能走好生活中的每一步路，拥有一个丰富多彩的人生。

想象力是女孩学习的好帮手

想象力是我们由身边实际存在的事物展开联想，继而在脑海中创造出新的形象的能力。假如没有想象力的人看见一朵向日葵，她想到的就只是向日葵，而富有想象力的人却会想到很多东西，例如太阳，他们或许还可以想到向日葵随着太阳的位置而变化方向的样子。想象力能够为我们的生活带来很多趣味，同时也可以作为我们学习上的好帮手。

☆☆☆

齐一仪是一个小学六年级的女孩子，她有一个烦恼，就是她的数学成绩非常糟糕，每次都会把她的整体成绩拉低。

齐一仪已经有很多次都下定决心要好好学习数学了，可是总是徒劳无功，因为她总是习惯用一种机械的方法去学习数学，她觉得只要自己把数学中一些重要的公式背下来，就一定能够学好数学，可是，她的想法是完全错误的。

在一次考试中，齐一仪的数学成绩又非常糟糕。老师找到她，对她说："仪仪，你不可以再这样下去了，你其他科目学得都很好，只有数学成绩这样糟糕，它已经把你的总体成绩拉低很多了，你要赶紧想个办法提高自己的数学成绩。"

齐一仪很无奈地说："老师，我已经非常努力地在学习数学了，每天都会花费很多时间去背诵数学公式，也做了很多练习。可是，我的数学成绩就是提不上去，我也没有什么办法了。"

老师说："你的学习方法就是有问题的，数学不能只是背诵公式，你要找对方法，有时候需要你的想象力去构造一个模拟的框架，来方便你分析题目。"

齐一仪听了老师的话，觉得非常荒谬，她不相信想象力可以帮助她学习数学，所以她依旧按照自己以前的方式学习，最终成绩越来越差。

☆☆☆

故事中的女孩齐一仪数学成绩十分糟糕，这归咎于她总是习惯用机械的方式去学习数学，以至于她只是把知识背诵下来了，并没有成功地理解。老师建议她用想象力学习数学，这是一个非常中肯的建议，可是她却觉得这个建议非常荒谬，并没有采纳老师的提议，最终成绩变得越来越差。

其实每个孩子都是富有想象力的，只不过有些人把它用在胡思乱想上，而有些人却能够巧妙地利用它，去提升自己的学习热情和效率。把想象力用在思考一些不着边际的事情上，是对想象力的一种浪费，这不仅会让你的想象力走下坡路，还会耽误你的学习。

巧妙地运用想象力是我们每个人的必修课，学习并不是一个一成不变、枯燥无味的过程，只要你懂得学习、热爱学习，那么学习可以通过你的努力表达充满乐趣。我们正处于打好学习基础的时期，更要将自身拥有的一切都充分地利用起来，用尽自己的全力去创造一个美好的青春。

☆☆☆

李焦艺是一个小学五年级的女孩子，她聪明可爱，在她的脑海里总是会萌生出一些天马行空的想法，老师和同学们都说她是一个非常富有想象力的女孩子。

李焦艺不仅对生活充满想象力，她在学习的时候也会运用想象力去帮助自己学习知识。

在学习语文的时候，李焦艺会针对一段课文展开联想，方便自己理解，同时也使得学习的过程更加生动有趣。对于需要背诵的古诗词，李焦艺也会把它们翻译成白话，再通过想象力塑造一个想象中的世界，方便自己的记忆。

学习英语的时候，李焦艺会先将一个个英语单词音译为中文，再展开联想，方便记忆。

学习数学的时候，她觉得想象力更是一个能够帮助她学习的利器，尤其是对于几何图形题，她能够轻而易举地将图像呈现在自己的脑海中，利用图像解决问题。

李焦艺不断地努力提高自己的想象力，因为想象力真的能够帮助她解决很多学习上的问题。

☆☆☆

故事中的女孩子李焦艺有着很丰富的想象力，她喜欢把现实中的事物都通过想象化成一个又一个富有活力和生趣的形象。不可否认，想象力真的帮助她提高了学习兴趣，让她的学习生活不是枯燥乏味的，而是生动有趣的，这样她的学习成绩自然会得到提高。

想象力是与生俱来的，但是如何巧妙地运用想象力去提升自己却是需要我们不断学习的。作为女孩子，我们时常会有一些听起来非常奇怪的想法，这就是我们在运用自己的想象力。这时候，我们不要惊慌失措，也不要刻意地遏制自己的想象力，要善于发挥它。

第一，我们要积累渊博的知识和丰富的经验。想象力是要以既有的事情为基础的，所以我们只有不停地提升自己的知识范围，才能让自己的想象力更加充分地发挥出来。孤陋寡闻的人只会胡思乱想，生不出什么奇妙而有意义的想法。

第二，我们要善于把事物联合起来。这就要求我们经常思考生活中的事物，将同种类型的事物做比较，不同种类型的事物做对比，找出它们之间的联系，这样有助于我们思考问题。只有平时勤于动脑，我们的大脑才不会懈怠。

第三，可以多看一些有转折性的故事。在看故事的过程中，要注意思考故事会怎么发展，在脑海中构建一个新的故事框架，有助于发展自己的想象力。

第五章

“短板”决定高度

——女孩不能让弱势科目越来越弱

每个人都有优点和缺点，同样，也会有自己的优势和劣势。很多时候，我们会放大自己的优势，在自己擅长的领域越做越熟练，越做越成功，却喜欢把自己不擅长的东西“藏”起来，放在黑暗的角落里。这样做只会影响女孩的全面发展，让女孩的短板更短，所以我们要寻找办法，阻止这样的情况发生，让不擅长也能变得擅长。

学不好也不能胆怯！

无论什么时候，我们都有擅长和不擅长的事情。女孩在学习的过程中，也可能会遇到难学的科目或领域，一次失败不算什么，但次次在这个科目碰壁，就会让女孩的自信心受到严重的打击，从而开始否定自己，认为自己肯定学不好这门课程了。

学不好会让女孩的学习压力一天比一天大，心理负担一天比一天重，可能从某一天开始，女孩就开始害怕学习，一提到学习就心生胆怯，不敢再学下去了。但是这样只会让不擅长的科目变得更加不擅长，形成一个恶性循环。

☆☆☆

丽丽不论学什么都会比周围的同龄人慢一些，就像现在已是初中二年级的她，对于很多初一数学的题目仍是解答不好。这让她对于数学课很害怕，就怕老师在课堂上会点她的名字回答问题。

面对自己的弱项，丽丽惆怅不已，她无数次向老师和数学好的同学请教，当时虽然学会了，但考试的时候仍会出现以前出现过的错误，这让她自信心大失，对数学更加望而却步。

糟糕的是，数学一科得不到帮助和提升的丽丽，对其他科的热情也逐渐消减了。面对这一情况，丽丽心里着急又无奈，看到老师表扬考试高分的同学，丽丽的心里很不是滋味，也想成为其中一员。但是很想改变现状的她，却找不到一个突破口，这让她对学习更加灰心失望，不想再好好学下去了。

数学老师也很替她着急。这一天，数学老师找到她，对她说："天底下没有学不会的知识，只要你肯用心，不要害怕失败，不要灰心失望，老师相信你总有一天会有进步的。"

"可是，我真的学不好数学。"丽丽低声回答道。

"学不好没关系，但是你不能放弃和害怕学习，要有迎难而上的精神才行。如果你害怕了，那你就真的放弃了自己，放弃了学习。"

受到鼓舞的丽丽终于明白过来，不是自己学不好数学，而是自己害怕了，才学不好的。因此，她决定勇敢面对自己的弱点，迎难而上，就算学不精，也要学明白了。

☆☆☆

女孩在学习中有偏科、学不好的现象是很正常的，每个人都会有这样的经历，但这并不表示女孩就可以放任自己继续偏科下去，也不能因此而颓废不前，害怕学习。

女孩学不好没关系，学习的过程就是会出现这样或者那样的问题，没有人能提前预见，我们要在学习的过程中不断进步，即使遇到问题，也不要退缩害怕，而是要迎着难题，勇往直前。这样才能在人生的道路上越走越远，越爬越高，最终站到制高点，成为强者、能人。

☆☆☆

阳阳今年12岁，是个安静懂事的女孩。已经上六年级的她，仍在被数学折磨着。同大多数女孩一样，阳阳的强项是语文，尤其是写作文，而弱势科目就是数学了。

阳阳在做数学作业时，常常看不懂题目，也做不到举一反三，更没有培养成自己的知识迁移能力。

“今年是毕业班了，我一定不能让数学拖后腿，我一定要学好它！”阳阳在心里对自己说道。

后来，阳阳一面耐心解答同学们的语文疑问与写作技巧，一面也虚心请教强项是数学的同学。阳阳通过观察数学学得好的同学的学习习惯，发现他们大都养成课前预习、课中认真听讲、课后复习的好习惯，他们从不像自己一样，课后急着完成老师布置的作业，做完就放到一边了，而是会自己先检查一遍，避免出现粗心大意而导致不该出现的错误。

于是，在接下来的数学学习中，阳阳专门准备了“错题记录册”，每天会抽出两小时的时间来看它，积极思考与钻研，直到完全理解并掌握为止。值得一提的是，阳阳还学会了将不同类型的题进行分类、归纳并总结。

终于，阳阳不再觉得学好数学是件可怕的事了，而且，原先的痛苦与焦虑全不见了，相反地，阳阳变得更加自信了，因为她坚信：面对自己不擅长的事，就算难突破也不能胆怯害怕，只要不放弃，终会进步，有所成就的。

☆☆☆

想要让自己不再害怕学习，女孩应该怎么办呢？

首先，女孩要对自己有充分的了解。女孩要知道自己的优缺点，可能你不擅长数学，但是你的记忆力很好，文科十分擅长，那女孩就可以根据这一点，来制订专门属于自己的学习计划，把能学好的先学好，再来想办法解决学不好的科目。

其次，女孩不要因为暂时的学不好而不自信，产生自卑心理。要知道，做什么都要有个过程，今天学不好，不代表明天也学不好，只要肯用心、肯努力，没有攻不破的难题，女孩要对自己有信心，相信自己能学好。

最后，女孩遇到问题的时候，要及时向身边的人求助，不要把问题都压在自己的心里，这样只会让问题越积越多，还使女孩的心情受到影响，坏情绪无法及时排解出来，导致女孩产生不良情绪，影响接下来的学习和生活。女孩要善于心理暗示，多告诉自己“我能行”“我不怕”，把心中的胆怯思想及时“赶跑”，鼓励自己勇敢面对学习，这样才能战胜自己，学好每一科。

数理化其实并没有那么难

女孩子们大多都有一个通病，就是讨厌学习数理化。这样的女孩子在小学的时候成绩会非常不错。可是，当她们升入初中后，成绩就会呈直线下降的趋势。其实数理化学习起来并没有那么困难，只是我们把它们想象得太过困难了，只要找准学习方法，数理化的难关就能轻松攻破了。

☆☆☆

张仪艺是一个刚刚升入初中二年级的女孩子，她最近因为学习方面的压力太大，被折磨得苦不堪言，她的父母、老师也十分担心。

张仪艺刚上初中的时候，学习成绩很好，除了数学会让她觉得有些难，其余的都没什么困难的。可是最近，张仪艺的学习科目中新增了一门物理，她起初觉得没什么大不了的，就按照学习其他科目的方式去学习物理就可以了。

过了一段时间后，令张仪艺意想不到的事情来了，她发现自己完全跟不上物理老师的讲课进度，她的物理成绩也一塌糊涂。

渐渐地，随着数学研究知识的难度增加，张仪艺觉得自己对于学习数学也越来越力不从心了，因此她的数学成绩也愈发的糟糕。

数学和物理成绩的双重打击，让张仪艺十分担忧，她觉得自己没有办法学习好这些理科方面的科目。对于即将到来的化学学习，张仪艺也感到害怕。

老师和父母都曾找到她，苦口婆心地劝慰她，建议她改变自己的学习方式，鼓励她迎难而上。可是经过了诸多打击，张仪艺已经对自己丧失信心了。久而久之，她的理科成绩越来越糟糕，甚至影响了她的文科成绩，她每天都垂头丧气的，还产生了厌学的心理。

☆☆☆

故事中的女孩子张仪艺在感受到数学和物理学习上的双重压力时，对理科开始产生了恐惧心理。面对即将到来的化学学习，她总是害怕自己没有办法掌握学习方法，还没有开始学习，就已经丧失了学习的热情。这是一种非常错误的心态，如果不及时调整，对张仪艺以后的学习生活也会产生不好的影响。

不知从什么时候开始，理科学不好成了每个女孩子的通病，仿佛女孩子们数理化成绩差是天生的，没有办法改变，这使得很多女孩子都对数理化的学习产生了深深的恐惧感。当女孩子们怀抱着这种恐惧的心态去学习时，她们完全没有自信把知识学好，成绩自然会下降。

其实，自信是学习的必胜法宝，无论你有多么完美的学习计划，你没有自信就无法完成计划。很多人都在不停地探索学习数理化的方法，可是都不得其解，因为每个人的方法都不同。我们首先要树立自信，在心里不断地暗示自己一定能够学习好数理化，这样你就会在学习过程中充满激情，自然能够找到适合自己的学习方法。

☆☆☆

钱舒舒是一个初中三年级的女孩子，她聪明可爱，学习成绩也十分优秀，在班级里担任学习委员一职。

钱舒舒虽然是一个女孩子，可是她的理科成绩一点也不逊色。从小学的时候，她的数学成绩就很好，到了初中以后，新增加的物理和化学也没有给她带来负担，反而让她对学习充满了热情。

老师曾经让钱舒舒为同学们总结一些学习上的经验。那时，钱舒舒对同学们说：“我知道班级里的一些同学非常厌恶学习理科，尤其是一些女孩子，你们觉得理科太过困难，难以理解，不像文科那样光靠背诵就可以学好。”

大家听了她的话，纷纷点头。钱舒舒接着说：“其实大家这样想是正常的，我们从小学一直到初中一年级，只接触过数学这一门理科，突然让我们学习物理和化学，我们多多少少会有些不适应。但是，我们不可以因为这种不适应就对学习理科产生恐惧心理，理科并没有我们想象的那么困难。”

大家对于钱舒舒说的话非常赞同。钱舒舒还告诉同学们：“大家一定要对自己有信心，不能总是惧怕理科，要有迎难而上的勇气，这样就一定能够学好理科。”

同学们听了钱舒舒的话，都振奋了精神，向理科发出了挑战。

☆☆☆

同学们总是习惯性地对学习理科产生畏惧心理，其实正如钱舒舒所说，理科的学习并没有大家想象中那么困难，大家越是畏惧，就越是学不好理科，只要大家心中充满自信，那么数理化的难题自然就会不攻自破。

作为女孩子，我们更要在学习中不断加强自己的信心，让自己信心十足地去学习数理化知识。数理化并不是什么不可攻克的难关，也没有什么规定我们一定就学不好数理化，只要你能够坚定信念，就一定会在学习数理化的过程中看到曙光。

首先，我们要保证自己的思维能够跟得上老师的速度。初学数理化的时候，我们一定会有一些不适应，我们要坚信，自己只不过是需要一些时间去适应这种学习模式，不要自暴自弃，更不能因为一点挫折就轻易地否定自己，要坚持跟着老师的步伐，一步一个脚印，一定能够学好数理化。

其次，我们在遇到不懂的问题时，要及时地向同学或者老师请教。谁都会遇到不懂的知识，不要觉得向别人请教是一种丢人的做法，相反的，这是一种对自己负责任的做法，对我们来说，学好知识才是最重要的事情。

最后，在平常的学习中和向同学请教的过程中总结经验。别人的方法永远是别人的，我们要努力地把它变成自己的方法，这样才能帮助我们应对以后的难题。

学习方法不对，“短板”只会更短

在学习过程中，我们会遇到很多问题，每个人都有擅长的科目，同时也有不擅长的科目，这就导致很多人会在学习中产生“短板”。我们在应对自身的“短板”科目时，一定要找对方法，否则“短板”不仅不会有所改善，还会更加短，我们只能是白白辛苦，最终一无所获。

☆☆☆

李皎琳从小学的时候就有些偏科，她喜欢学习数学，不喜欢学习英语和语文，这种不好的学习状态一直延续到了初中。

一次期中考试，李皎琳的语文和英语成绩又十分糟糕，可是李皎琳一副不在乎的样子，一点也不担心自己的学习成绩会被语文和英语拖下去。

老师觉得不能再让她这样颓废下去了，就找到了她，对她说：“琳琳，老师首先要夸奖你，因为你这次考试，数学成绩非常棒。可是，你的英语和语文成绩却与数学成绩相差甚远，再这样下去，你的偏科问题会严重影响你的学习，你有没有想过该怎么提高这两科的成绩呢？”

李皎琳敷衍地说：“我知道了老师，我会注意的。”

老师又苦口婆心地劝了李皎琳好久，还为李皎琳介绍了很多学习文科的方法，李皎琳都漫不经心地应和着老师。

可是，李皎琳并没有将老师的劝告应用在实际行动上，而是用学习数学的方式去学习语文和英语。结果可想而知，李皎琳因为方法错误，导致文科成绩越来越差，严重影响了她的整体成绩。

☆☆☆

故事中的女孩子李皎琳偏科问题十分严重，在她的眼里，数学学习起来非常容易，而语文和英语却成了她难以渡过的难关。老师为她的偏科问题费了很多心思，可是她总是辜负老师的一片苦心，继续用自己错误的方法学习文科，导致学习成绩越来越差，最终造成了十分糟糕的局面。

在学习过程中，我们每个人多多少少都会遇到一些学习方面的问题，偏科问题就是其中之一。对于偏科问题，其实并不难解决，只要我们及时地意识到自己的“短板”，找到正确的方法将“短板”加强，让“短板”消失，那么偏科问题自然而然就不存在了。可是，问题就在于很多人不觉得偏科对她有害处，她们没有意识到偏科即将为她们带来学习上的阻碍，那么她们的偏科问题只会更加严重。

我们每个人都要对自己有一个正确的认识，找到自己的短处，之后向学习成绩不错的同学或者老师请教学习方法，然后通过实践总结出一套适合自己的学习方法。好的方法能够帮助我们学好短板科目。

☆☆☆

林西同十分喜欢学习语文和英语，对于数学她总是提不起兴趣，她以前也没有想过要找个办法提高自己的数学成绩，直到升入初中，她才意识到自己这种想法的错误性。

林西同在最近的考试中，数学成绩给她拉下来很多分，老师找到她，对她说：“西西，你还没有明白数学的重要性吗？如果你再这样对理科毫不重视，那么在接下来的物理和化学学习中，你会悔不当初。”

林西同听了老师的话，心情十分沉重，她对老师说：“老师，我明白您的话，我也知道理科非常重要，我以后不会再放任自己忽略理科了，我会积极努力，提高自己对理科的学习热情。”

老师对于林西同的回答非常满意。在接下来的时间里，林西同也没有辜负老师的期望。她觉得自己首先要找对学习方法，有正确的学习方法才能更好地学习，于是她向老师和同学请教了该怎么学习数学，然后将方法汇总起来，稍作改动，变成自己的方法。

有了好的学习方法以后，林西同开始充满热情地学习起来，果然功夫不负有心人，林西同的数学成绩很快便提高了很多。

☆☆☆

故事中的女孩子林西同有些偏科问题，她喜欢学习语文和英语，却对数学提不起兴趣。好在她及时地意识到了自己的错误，寻找正确的学习方法，有了正确的学习方法以后，她学习起来果然变得得心应手，短板科目自然不存在了。

作为女孩子，我们有些人会更喜欢学习文科，对于理科学习却叫苦不迭。其实我们的智力水平并不比别人差多少，只是我们没有找到合适的学习方法。找到一个适合自己的学习方法非常重要，错误的学习方法会让你的短板科目更加差劲，而正确的方法会让你如鱼得水，收获意想不到的效果。

首先，我们要及时地认识自身的短板在哪里，不要一味地逃避短板，应该正视短板科目，想方设法去解决问题。

其次，我们每个人的思维存在差异，所以每个人都有自己的长处和短处，我们应该学习别人的长处，规避自己的短处。不要觉得向别人请教是件丢脸的事情，能把短板科目成绩提高才是最重要的事情，不要本末倒置。

最后，通过调整自己的学习方法和学习心态来提升我们的短板科目。我们要明白一个道理，如果方法用错了，那么无论你多么努力，都收获不到什么东西，但是如果方法用对了，你就会轻而易举地得到你想要的结果。

取人之长，补己之短

“尺有所短，寸有所长”，我们每个人的身上都是优点和缺点并存的。对待自己，我们不要因为自己的优点骄傲放纵，也不要因为自己的缺点就妄自菲薄；对待他人，我们不可以因为他人的缺点就看不起别人，要学会看到别人的长处，取人之长，补己之短。

☆☆☆

唐子怡是一个小学五年级的女孩子，她的学习成绩不错，因此一直为此骄傲自满，瞧不起一些成绩不好的同学，以至于她在班级里的人缘很差，没有什么朋友。

唐子怡的同桌燕燕学习成绩不好，但是她在唱歌方面很有天分，而且她性格开朗活泼，待人热情有礼，非常受同学们的欢迎。

一次，学校里组织歌唱比赛，燕燕代表班集体去参加比赛，获得了一等奖的荣誉，老师当众表扬了她，同学们也纷纷向她表示祝贺。

唐子怡看了这种情况，心里十分不舒服，她觉得燕燕是在哗众取宠，所以处处为难燕燕。燕燕感觉到了她的“敌意”，便对她说：“子怡，你怎么了，如果我有哪些地方做得不好，你可以和我说，我们是好朋友，不要因为一点小事闹得不开心。”

唐子怡听了，瞥了一眼燕燕，用尖酸刻薄的语气说：“我可不是你的好朋友，你学习成绩这么烂，你才不配和我做好朋友呢！”

燕燕听到唐子怡的这番话，感到十分伤心，她觉得自己一直都是在用真心对待唐子怡，不该得到这样的对待。

从此以后，唐子怡真真切切地变成了一个形单影只的人，没有同学愿意和她说话，她刁钻的性格也一直没有得到改善。

☆☆☆

故事中的唐子怡是一个自以为是的女孩子，她觉得自己学习成绩优异就可以瞧不起学习成绩不好的同学。可是，每个人都有缺点和优点，唐子怡学习成绩优秀是事实，可她在性格方面的缺陷也是十分严重的，她不仅不向性格好的燕燕学习，还用轻蔑的语言侮辱燕燕，实在是不可理喻。

总是有一些自以为是的人，他们不明白“尺有所短，寸有所长”的道理，一味地看到自己的优点，盯住别人的缺点。久而久之，这些人就会与身边的人脱离，因为在他们的心里，自己是最优秀的，没有人配和他们做朋友，可是在别人的眼里，他们却是最自负的，没人愿意和自负的人成为朋友，这些人自然就会越发的孤单。

世界很大，我们不能总是沉浸在自己的小世界里，我们要用一种积极的眼光去看待周围的人和事。每个人都有长处，只是我们不善于发现别人的长处，仔细观察他们，认真地学习他们的优点，渐渐地将别人的优点化为自己的，这才是真正的“大智慧”。

☆☆☆

林子言是一个小学六年级的女孩子，她聪明伶俐，不光学习成绩优秀，还非常懂得待人接物的礼仪，同学们都非常喜欢她。

林子言因为优异的成绩和乐于助人的性格，轻而易举地获得了学习委员这一职务。她尽职尽责，不辞辛苦，努力地为班集体做贡献，可有时却总是弄巧成拙。

近期，老师让林子言组织同学们成立学习小组，小组内的成员可以互相帮助，共同提升学习成绩。

林子言在听到老师的建议以后，就开始着手准备，她按照每个人的学号将大家分成五组，每组学号靠前的同学来担任组长。可是，这种方法实施不久，就有很多问题出现了，有的小组里同学们成绩都很好，而有的小组学习成绩都比较差，起不到互帮互助的目的。

大家纷纷向林子言反映问题，林子言也被这件事情折磨得苦不堪言。这时，林子言的朋友甜甜出现了，甜甜虽然学习成绩不好，但是她很有组织能力，林子言虚心地向她学习分配方法。

最终，在甜甜的建议下，林子言先根据同学们的各科学习成绩将同学们分成几组，再重新组合，让每个小组里都有擅长各个科目的同学，这样就能互帮互助，解决学习上的难题。

这件事情以后，林子言实在是佩服甜甜的组织能力，虚心向她请教问题，甜甜也会向林子言请教学习问题，两个人互帮互助，各取所长。

☆☆☆

故事中的女孩子林子言是一个尽职尽责的班干部，可是她却缺乏组织能力，总是好心办“坏事”。当她在组织班集体分学习小组的时候，遇到了很多困难，这时，甜甜及时地为她解决了困难。林子言没有因为甜甜成绩不好就看不起她，反而非常敬佩她在组织活动方面的能力，虚心地向她请教。林子言便在这次活动中既提升了自己，也帮助了别人。

作为女孩子，自负是我们的致命伤，我们可以不那么温柔体贴、细致入微，但是也要做到明白事理、谦虚和善。我们要随着自己的成长一步一步地提升自己，而不是闭门造车，只是自己觉得自己优秀就可以了。做到取人所长，补己之短，才是我们应该学习的处世之道。

首先，我们不可以自视甚高。只能看见自己长处的人是目光短浅的，每个人都有不足之处，我们要善于接受自己的缺点，及时找到方法弥补缺点，而不是不愿意面对现实，活在自己的小世界中。

其次，我们不可以轻易地看扁他人。“完璧归赵”的蔺相如也曾因为身材矮小而被别人侮辱，可是他却用自己的实力，狠狠地打败了那些曾侮辱他的人。不要因为一个人有些缺点就开始用轻蔑的眼光看待他们，否则他们迟早会用自己的才华给你狠狠一击，这时你后悔也来不及了。

最后，将上述两点结合起来，用别人的长处来弥补自己的不足之处。子曰：“三人行必有我师焉。”每个人的身上都有值得我们学习的长处。

弥补短板，不能太过依赖课外辅导

如今，课外辅导对我们来说似乎变成了一种流行趋势，大部分同学都或多或少参加过课外辅导。可是，课外辅导真的能够“包治百病”吗？对于短板科目，我们可以一味地依赖课外辅导吗？参加了课外辅导的同学，成绩都提高了吗？这是我们必须要思考清楚的问题，也是我们学习路上必须要面对的问题。

☆☆☆

郭芝芝是一个小学六年级的女孩子，她的英语成绩一直不太好，总是将她的整体成绩拉下来。眼看就要步入初中生活了，郭芝芝觉得自己不能再这样放任自己了，于是，她在妈妈的建议下，参加了课外辅导。

起初，郭芝芝参加课外辅导的时候，精神十足，听起辅导课来聚精会神的，也喜欢向课外辅导的老师问一些问题。

可是，郭芝芝却有一个缺点，就是她自从参加课外辅导以来，就把自己的全部精力都放在课外辅导上。仿佛课外辅导就是能够提升她英语成绩的良药。

在学校上课的时候，郭芝芝不再全神贯注地听讲，也不喜欢和老师、同学沟通，甚至总是在上课时间走神，被老师批评了，她依然不以为意。

在期末考试即将到来之际，郭芝芝仍不听老师劝告，一心扑在辅导班上。她坚信，只要自己在辅导班努力学习，就一定可以提升英语成绩。

然而，结果却让郭芝芝大失所望，她的英语成绩不但没有提高，反而下降了。因为老师在课上所讲的很多知识，都是老师通过经验总结出来的，这些知识要比郭芝芝在辅导班里学到的有用得多。可是，郭芝芝一直不懂得珍惜在学校的时光，最终尝到了现实的苦果。

☆☆☆

故事中的女孩子郭芝芝在学习英语的时候十分吃力，英语学习可以算是郭芝芝的一项短板。在综合考虑之下，郭芝芝的妈妈为她报了英语辅导班，这本无可厚非。可是，错就错在郭芝芝太过依赖英语辅导班，她本末倒置，将大量的时间花费在辅导班上，而不是珍惜课堂时间，最终不仅毫无收获，还导致英语成绩下降。

有很多同学都有一个毛病，她们觉得辅导班是万能的，于是争先恐后地报名去上辅导班。她们对待辅导班和学校学习完全是两种态度，她们珍惜辅导班的学习时间，却肆无忌惮地浪费着在学校的学习时间。可是，归根结底，学校的老师要比辅导班的老师更加富有经验，也更加了解你。他们懂得怎么让同学们提高，知道大家的弱项在哪里，他们会根据大家的弱项为大家想到解决方法，而你却白白地浪费了老师们的一片苦心。

其实，辅导班对我们来说是可有可无的，只要大家抓住在学校的学习时间，就一定能够获得提升。当然，对于一些理解能力和学习能力较差的同学，她们在一些科目的学习上存在弱势，那么参加辅导班也不失为一个好办法。但是，我们要切记，不可以太过依赖于辅导班，要注意将课上时间和辅导班时间相结合，这样才能达到事半功倍的效果。

☆☆☆

白见月是一个初中二年级的女孩子，她这个学期刚刚接触到物理这门课，有些不太适应这种学习模式，所以总是因为学习物理感到苦恼不已。

她因此参加了课外辅导班，去学习物理。在辅导班上，老师讲课和学校老师讲课完全是两种不同的模式，辅导班的老师讲课喜欢用幽默的方式，而学校的老师讲课时总是非常严肃。

白见月觉得自己更喜欢辅导班老师讲课的方式，可是辅导班老师讲课比不上学校老师讲得那样细致入微。白见月通过几天的观察，决定将在辅导班和在学校的学习结合起来。

白见月在学校的时候认真听讲，将老师讲的重点知识都记了下来，能在学校里解决的问题就去问一问老师和同学，没时间在学校里解决的问题，就去辅导班请教老师。

渐渐地，白见月对物理的兴趣提升了，她更加努力地学习物理，成绩也逐步提升。久而久之，白见月就没有再去补习班了，她觉得自己只要在学校里珍惜时间，认真学习，就一定可以提升自己的物理成绩。

果不其然，即使后来白见月没有参加辅导班，成绩也在逐步进步。

☆☆☆

故事中的白见月是一个深谙学习之道的女孩子，起初学习物理的时候，学校的老师讲得有些中规中矩，白见月提不起兴趣。她及时地抓住了辅导班的学习时间，利用辅导班提升了自己对物理学习的兴趣，兴趣被提上来后，白见月再结合学校老师讲的重点知识，反复练习，成绩自然就提高了。

作为女孩子，我们应该更加脚踏实地地学习，对于我们的短板科目，我们要尽自己最大的努力去提升它们。辅导班只是我们提升短板科目的一种途径，并不是我们必须选择的方法。对于辅导班，我们可以适时采用，但不可以全身心地依赖辅导班，这样会错过更珍贵的知识。

第一，我们要端正自己对辅导班的态度。对于在课堂上无法专心听讲，或者单单凭借课堂时间无法解决问题的同学来说，辅导班是非常必要的。但是，对于可以利用课堂时间解决问题的同学来说就没有必要了。我们要根据自己的实际情况，酌情考虑，不可以人云亦云，盲目跟风。

第二，参加辅导班并不是提升成绩的保障。成绩的提升是需要你真真切切付出努力的，倘若你过分依赖辅导班，自己却没有付出实际行动，那么你最终只能是竹篮打水一场空，不仅浪费了金钱，还浪费了时间。

第三，学校学习对我们来说是至关重要的，我们不能因为参加了辅导班就忽视学校的学习时间。在学校里，老师们对我们的了解要更加全面，她们知道如何为我们制订学习计划，才能帮助我们有效地提升成绩。这份心意通过参加辅导班是收获不到的，我们要懂得珍惜和感恩。

第六章

重新爱上讨厌的科目

——女孩要善于发现学习的乐趣

偏科、厌学可能是每个女孩在求学的道路中都会出现的问题。经常会有女孩发出“学习太无趣”的言论，还有些女孩觉得自己太笨，反正也学不会，干脆就不学了。这其实还是女孩没有发现学习的乐趣，只要找到了正确的途径，女孩就会发现学习也是件十分快乐的事情，也就会爱上学习了。

不要用“学不会”当借口

随着年龄的增长，我们接触的知识范围也越来越广，面对突然增多的学习科目，我们多多少少会有一些不适应。尤其是对于女孩子来讲，理科的难度系数会很大，稍微松懈一些，就会被别的同学超越，很容易摧垮我们的自信心。这时候，我们会觉得自己没有学习理科的能力，逐渐地想要放弃自己，一次又一次地用“学不会”作为借口，为自己开脱。

☆☆☆

贾欣欣是一个初中二年级的女孩子，她从小学到初一，学习成绩都非常棒，是老师和同学们眼中的佼佼者。

可是，贾欣欣最近接触到物理，第一次在学习方面感到力不从心了。她无法理解老师上课讲的知识，更加跟不上老师讲课的节奏，学习上的压力令她苦不堪言。

渐渐地，贾欣欣的精神状态越来越差，她不再和以前一样，对学习充满热情，每天都无精打采的。

老师发现了贾欣欣的问题，及时找到她，对她说：“欣欣，你最近是怎么了，为什么总是魂不守舍的呢？如果你有什么心事，可以和老师交流一下。”

贾欣欣听了老师的话，垂着头说：“老师，我没有什么心事，我只是觉得自己学不会物理，所以我不想在物理上面浪费精力了，还不如节约时间，去做一些自己喜欢的事情。”

老师听了贾欣欣的话，心里非常担心，对她说："欣欣，你不要再任由自己颓废下去了，学不会不是理由，你不应该因为这个原因就放弃学习物理。"

老师苦口婆心的规劝对于贾欣欣已经没有什么作用了，贾欣欣依旧肆无忌惮地挥霍着自己宝贵的时间，最终成绩下降了一大截。

☆☆☆

故事中的女孩子贾欣欣有一些"懦弱"心理，她从小就是老师眼里的尖子生，是同学们眼中的榜样，所以她觉得自己不会在学习上遇到什么困难。当物理给她一个打击以后，她的自信心就完全被击垮了，她认定自己学不会物理，一直以此作为理由，在物理学习方面放任自己，最终现实给了她一个沉重的打击，不仅让她失去了"榜样"这个代名词，还彻底摧垮了她的自信心。

"学不会"从来都是我们为自己找的借口，只要你有一颗努力学习、不断上进的心，那么无论前方有多么困难的问题，都会迎刃而解。每个人天生就有不擅长的方面，同样也有擅长的方面，或许你在某一个领域比不上别人，但这并不是你堕落的理由。当你的自信心轻易地被学习上的困难击垮时，再次拾起来就困难了。

没有人是天资愚钝的，"学不会"永远都不该是我们对待学习的态度。遇到学习上的瓶颈，我们不该自怨自艾，要主动寻找解决问题的方法，端正自己的态度，积极向上地学习知识。每个人都会遇到自己学习上的问题，这是一种考验，不是一种折磨，我们只要坚定不移，就一定可以克服困难，继续在我们学习的道路上前行。

☆☆☆

蔡苗苗是一个阳光、活泼的女孩子，她聪明可爱，在小学的时候学习成绩一直名列前茅。最近，蔡苗苗升入了初中，在学习上遇到了一些困难。

升入初中以后，蔡苗苗很快便适应了学习环境，可是面对学习难度和内容突然增加，蔡苗苗有些难以招架。

首当其冲的便是蔡苗苗的数学学习，小学的时候，蔡苗苗仗着自己记忆力好，一直都是靠记忆性学习的方式学习数学。可是，到了初中以后，数学学习难度和内容都比小学的时候多得多，蔡苗苗以前的学习方法派不上用场了。

面对一次又一次的成绩下降，蔡苗苗并没有灰心丧气，而是愈挫愈勇。蔡苗苗及时地找到班级里的学习委员程程，向他请教学习的心得，按照他的方法学习。

蔡苗苗改变了学习方法以后，学习起来果然轻松多了，接下来的一段时间，蔡苗苗将自己的学习体验和别人的学习方法结合起来，学习得越来越轻松。

就这样，蔡苗苗的成绩开始逐步上升，最终她克服了自己的弱势科目，提升了自己，令大家刮目相看。

☆☆☆

故事中的蔡苗苗是一个值得令人称赞和学习的女孩子，她聪明伶俐，当她学数学感到吃力时，她没有把一切错误都归咎于“学不会”，也没有自暴自弃，而是及时地意识到自己数学学习方法存在弊端，通过向老师和同学请教的方式，改善了自己的学习方法，一步一步地提升了自己的学习能力。

学习上的困难是我们会遇到的众多困难之一，它并没有那么可怕，我们就把它当作一件平常的事情就可以了。当然，我们也不可以轻视学习上的困难，如果不及时改正错误，很可能导致我们的学习基础不牢固，影响我们以后的学习生活。

首先，我们要学会调整好自己的心态。心态对我们的学习来说是非常重要的，一个良好的心态能够帮助我们积极地面对学习压力，不至于在困难面前萎靡不振，荒废时间。

其次，我们要正视学习困难。遇到困难不能逃避，要鼓起勇气、树立信心、面对问题，及时地想办法解决问题。我们要相信自己的能力，没有什么困难是我们克服不了的，我们要怀着坚信不疑的心去解决问题。

最后，没有人是命中注定学不会某种知识的。“学不会”是懦弱无能的人为自己找的借口，这样你终究会尝到苦果。只有“站起来”直面困难，你才能获得成功。

“讨厌”老师并不是你厌学的理由

当我们呱呱坠地时，父母是我们的启蒙老师，在我们逐渐长大后，父母不再时时刻刻跟在我们的身边，老师会渐渐步入我们的生活。对于老师这个突然出现的“新角色”，有些同学会感到不适应，她们会过分地在乎老师的喜怒哀乐，老师对她们稍微严厉一些，她们就会“恨”上老师，从而产生各种各样的负面情绪，甚至会不喜欢学习、讨厌学校。

☆☆☆

郭妍妍是一个小学五年级的女孩子，她聪明伶俐，尤其是在语文学习方面，成绩非常突出，语文老师经常在同学面前夸奖她。

后来，郭妍妍的语文老师因为身体原因，请了一段时间假，留在家里休息，郭妍妍所在的班级迎来了一个新的语文老师。

两位语文老师不仅在性格上大相径庭，在教学方法上也相差甚远。以前的语文老师性格温柔可爱，喜欢和同学们“打成一片”，大家都把她当作大姐姐，现在的语文老师比较沉默寡言，教学认真严谨、不苟言笑。

郭妍妍非常喜欢上一个语文老师，以至于她对于新来的语文老师怀有排斥心理，再加上新来的语文老师教学严谨，对大家要求严格，郭妍妍的排斥心理就更加严重了。

渐渐地，郭妍妍的语文成绩越来越差，新来的语文老师找到郭妍妍，想要了解一下她最近的情况。可是郭妍妍一直都用一种傲慢的态度对待老师的询问，老师无奈地叹了口气，只能找到了郭妍妍的班主任，让她来解决问题。

郭妍妍向班主任老师说明了自己对于新来的语文老师的意见，班主任老师极力劝导她，可都于事无补，班主任只得找到了她的家长沟通这件事。

郭妍妍对于父母的劝说也不理不睬，不愿意改变自己的学习态度，最终可想而知，郭妍妍的语文成绩越来越差。

☆☆☆

故事中的女孩子郭妍妍对于新来的语文老师怀着强烈的排斥心理，她之前的语文成绩非常棒，可是自从新老师来了以后，她的语文成绩就开始呈直线下降的趋势。她的父母和老师都察觉到了她的问题，找到她试图帮助她解决问题，可是她自己却不愿意消除对老师的排斥，最终只能白白地浪费了良好的语文基础。

每个老师都有自己的一套教学方法，我们不应该让老师来适应我们，而是要努力去适应老师的教学方法。如果你只会用负面情绪来对待学习生活中的改变，那么你只能是越来越差，不光会浪费之前打下的良好基础，还会令老师伤心。

我们要相信老师的水平都是比我们高得多的，你可以不喜欢她的教学方法，但是你不可以因此否定她的教学能力。尺有所短，寸有所长，老师也是普通人，她们有自己的优点和缺点，我们不可以过分放大老师的缺点，要学会去发现老师的优点，然后根据老师的教学情况，适当调整我们的心态和学习方法。

☆☆☆

周萍青是一个学习成绩优异的女孩子，可她最近却在学习方面有些苦恼。在小学的时候，她的英语老师总是会将课文转化为一段段生动有趣的对话，然后让同学们自由组队，用英语交流，强化记忆。

这种学习英语的方法提高了周萍青对英语的兴趣，她愿意主动参与到英语学习中去，所以她的英语成绩一直都在班级里名列前茅。可是自从升入初中以后，老师的教学方法变了，初中老师不会在课上给大家时间用英语交流，只是老师来讲。

周萍青觉得难以适应这种教学方法，她觉得老师有些死板，不懂得激发同学们的学习热情，以至于她对初中的英语老师没什么好感。对英语老师产生排斥心理以后，周萍青不再认真听讲，仿佛对英语也产生了排斥心理。

在一次英语测验中，周萍青彻底意识到了自己的问题。她在心中对自己说："周萍青，你不该因为不喜欢英语老师而耽误英语的学习，每个老师都有自己的教学模式，我们不可能让老师根据每一个同学的学习情况制订不同的教学方法，所以只能去努力适应老师的教学方法。"

想明白之后，周萍青开始恶补最近落下的英语学习，她会在课下找同学交流英语，不久以后，周萍青就恢复了自己往日的学习热情，英语成绩又攀上了高峰。

☆☆☆

故事中的女孩子周萍青有着良好的英语基础，她更适应小学时老师的教学方法，所以一度不能接受初中老师的教学模式，导致她的英语成绩直线下降。不过，好在周萍青及时地意识到了自己的问题，纠正了自己的学习态度，又重新把英语成绩提高了，没有对自己造成太大的影响。

有时候，我们把老师想象得太过神圣了，其实他们也是人，当我们学不会知识的时候，他们也会产生恨铁不成钢的情绪，他们也可能对我们发脾气、批评我们。我们早知道他们是为了我们好，不能因为受到批评就讨厌老师，不光耽误自己的正常学习，还辜负了老师的良苦用心。

第一，我们要明白每个老师都是爱我们的，只不过他们的表达方式不一样。有一种非常恰当的比喻：我们是祖国的花朵，而老师则是辛勤付出的园丁。没有老师喜欢批评我们，只不过有时候为了让我们好好学习，不得已要对我们发脾气，不要太过较真，要学会去理解老师的一片苦心。

第二，每个老师都有自己的性格，也许你不喜欢某个老师的性格，但是你不可以不尊重他们的劳动成果，也不可以对他们所教授的知识产生排斥心理。青春是宝贵的，我们应该在宝贵的时间里做有意义的事情，不要白白地错过学习知识的机会。

第三，老师的经验一定是比我们丰富的。我们可能会觉得老师的教学方法不对，不愿意按照老师的方法去学习，可是老师毕竟比我们有经验，所以他们的方法一定有自己的理由，我们可以将他们的方法和自己的方法相结合，但是不要完全否定他们的方法，否则你会悔不当初的。

成就感让讨厌变喜欢

成就感是一种非常奇妙的感觉，当你没有信心做某件事情时，成就感或许会帮助你树立自信心，勇敢地去做这件事。成就感具有强大的能量，它可以“化腐朽为神奇”，将原本你讨厌的事情变成你喜欢的事情。在做我们不喜欢的事情时，我们要学会朝着积极的方面去想，让自己产生成就感，这样你就不会再惧怕这件事情了。

☆☆☆

杜雨羽是一个小学五年级的女孩子，她非常讨厌学习英语，她觉得自己没有这方面的天赋，也没有什么信心学好它。

杜雨羽的英语老师是一个善于鼓舞学生的老师，她知道杜雨羽的英语成绩不好是源自杜雨羽在学习英语的时候没有自信，她觉得倘若杜雨羽树立了学习英语的自信，那么就会逐渐爱上英语。

于是，杜雨羽的英语老师开始想尽各种办法帮助杜雨羽提高学习英语的自信心。有一次英语课，老师向同学们提出了一个非常基础的问题，并点名让杜雨羽回答这个问题。可是杜雨羽因为上课的时候心不在焉，没有听到老师在问什么。迫不得已，老师只能找其他同学来回答问题了。

下课后，老师找到杜雨羽，对她说："小雨，你不能总是课上心不在焉的，你并不比其他同学差，老师相信你，只要努力学习就一定可以取得一个好成绩。"

杜雨羽垂着头，对老师说："老师，我理解您的一片苦心，可是对于英语学习我真的没有什么兴趣，与其总是在上面浪费时间，还不如花点时间去学习我感兴趣的知识。"

老师接着劝说她："只要你努力学习英语，英语成绩取得一点小的进步，你就会发现英语学习并没有你想象中那么困难，你就会有信心去学习英语，逐步取得成就。"

面对老师苦口婆心的规劝，杜雨羽的内心并没有产生什么波动，她觉得自己的英语成绩已经无药可救了，不需要再浪费时间了。就这样，杜雨羽一直都怀着消极的态度去学习英语，英语成绩越来越差。

☆☆☆

故事中的杜雨羽是一个待事消极的女孩子，她觉得自己没有学习英语的天赋，就自暴自弃，放任自己堕落下去。面对老师的规劝，她也没有丝毫动摇，她的内心已经彻底对英语学习死心了，不准备再继续努力学习，最终的结果自然会非常差。

有一些人，他们总是因为一点点小事情就轻易地否定自己，不愿意付出努力去为自己争取希望。其实，没有谁是命中注定学不好某类知识的，只要你愿意去学，积极地学习，那么你每次都会尝到一些甜头。倘若你自己已经放弃了自己，那么就没有谁能够救得了你了。

学习就是一个在艰苦中寻求安慰的过程，当你在自己不擅长的领域取得一点点成就，那么你就会产生一种强烈的满足感，这种感觉会促使你继续走下去。我们要相信，只要你付出努力，那么结果就会给你回报，所以不要吝啬你的努力。

☆☆☆

赵兰仪是一个小学六年级的女孩子，和很多同学一样，她也遇到了学习上的困难。她十分惧怕学习数学，做数学练习题对她来讲就是一种煎熬。

赵兰仪看着自己一次又一次地败给数学，心情非常低落。除了数学，她其他科目的学习都非常优秀，于是，她暗暗地下定决心，一定要学好数学，不能让数学给自己拖后腿。

就这样，赵兰仪为自己制订了一套缜密的学习计划，并请求父母和朋友监督她执行这套计划。起初，赵兰仪真的觉得自己坚持不下去了，她看着一道道的数学题，心里非常难受，烦躁涌上她的心头，让她无心学习。

赵兰仪也曾想过放弃，可是她一想到自己会被数学成绩拖后腿，就觉得特别不甘心。于是，她咬着牙坚持着。过了一段时间，她终于看到了曙光，她变得不再那么排斥数学了，以前她做十道题会错一半，现在只会错一两个，她感到开心极了。

成就感给了赵兰仪无穷的力量，她在以前的计划上又加上了一些要求，久而久之，她越来越喜欢做数学题了。在数学课上，赵兰仪也越来越积极配合老师的授课，令老师感到惊喜不已。

近期的数学考试，赵兰仪的成绩也越来越优秀，数学再也不是她畏惧的“洪水猛兽”，而变成了她喜欢的学科。

☆☆☆

故事中的女孩子赵兰仪起初畏惧数学，她已经到达了一看见数学题就会头疼的地步，可是她及时地意识到了自己的问题所在。她下定决心要努力学习数学，渐渐地，数学在她的眼里不再那么可怕，她甚至爱上了数学。

成就感能够帮助我们克服困难，其实没有什么困难是难以克服的，只要我们努力学习，就会对我们的弱势科目产生征服的欲望。这就说明你对学习这一科目产生了足够的自信心，也就是成就感。

首先，我们要注重培养自己的成就感。当我们克服了一个小困难时，我们可以在心里鼓励自己。不要总觉得自己是因为侥幸才克服这个困难的，适当的鼓励可以激发我们的信心，让我们更加有热情去对待困难。

其次，无论成就是小还是大，都不要轻易忽略自己的成就。任何成就都是通过努力得来的，都是来之不易的，他们值得我们去珍惜。况且，多看一看自己的成就，可以帮助我们培养成就感，对于接下来的学习有着很大的帮助。

最后，我们要谨记：成就感并不是骄傲自满。成就感对我们来说是有益处的，而骄傲自满却会危害我们的学习，我们不可以将两者混淆。

有价值的知识都值得学习

如果有人问学习是为了什么，你会怎样回答？有些同学认为学习是为了考出一个好成绩；有些同学认为学习是为了让父母和老师夸奖我们；还有些同学认为学习是可有可无的。这些理解都存在偏差，学习是为了提升自己，让自己变得越来越优秀，我们不该只盯着书本上的知识，每一个有价值的知识都值得我们学习。

☆☆☆

霍玉芳是一个小学五年级的女孩子，她学习成绩优异，可是抛开学习成绩来看，她却是一无是处的。

有一次，学校里组织科学知识竞赛，要求各个班级积极参加活动。老师向同学们传达了这次比赛的通知，大家都非常感兴趣，可是霍玉芳却觉得这个竞赛没有什么意义。

霍玉芳的同桌燕燕是一个性格开朗、活泼的女孩子，她学习成绩在班级里处于中等位置，可是她对于舞蹈、音乐、科学等一些书本之外的知识却非常感兴趣。对于这次科学知识竞赛，燕燕就觉得非常有意思。

燕燕私下里问霍玉芳要不要参加这次竞赛，她觉得她们两个可以一起准备，在准备的过程中互相帮助，也能够增进两个人的感情。可是霍玉芳却一口回绝了她，燕燕感到十分不解，问霍玉芳："芳芳，你为什么不想参加这次竞赛啊？多么有意思的活动呀，机不可失，失不再来哦！”

霍玉芳说：“再有意思能怎么样？对我们的学习成绩又没有什么帮助，我不想浪费时间去做这样的事情。”

燕燕对于霍玉芳的想法十分不赞同，她觉得科学知识也是一种值得学习的知识，我们应该积极地学习它。可是，每个人都有不同的选择，燕燕不想把自己的选择强加在霍玉芳身上。

当班级里的同学们都为了这次科学知识竞赛准备的时候，只有霍玉芳一头扎进书本里，两耳不闻窗外事，一心只读圣贤书。可是她不知道的是，自己在无形之中错过了很多有意义的事情。

☆☆☆

现在有很多同学，他们的学习都是功利化的，他们不喜欢浪费自己宝贵的时间去研究书本以外的知识。在他们的眼里，只要学习成绩优秀就足够了，其他的东西都是无所谓的。可是，这样的学习态度只会培养出一些“书呆子”，并不能真正让你获得知识。

学习是一个自我提升的过程，我们不应该只看到眼前的利益，要把眼光放长远一些。书本以外的知识或许无法帮助我们提升成绩，可是真正对我们有用的反而是书本以外的知识。这些知识是不容我们错过的，因为我们可以通过学习这些知识开阔眼界，充实自己的大脑。

☆☆☆

郭玉芬是一个小学六年级的女孩子，她聪明伶俐，爱好广泛。她不仅学习成绩优异，还在动植物研究上面取得了一些小小的成就，是同学们眼中的“小天才”。

有一次，郭玉芬所在的学校组织了一个生物知识小竞赛，郭玉芬代表她们班级参加了这次竞赛，并取得了良好的成绩。

老师在班会课上当众表扬了郭玉芬，并让她向大家传授一些学习上的小秘诀。郭玉芬非常乐意帮助同学们，她对大家说："同学们，我其实并不比大家聪明，相反，在座有很多同学都比我聪明很多。"

大家听了她的话，都笑了，觉得她太过谦虚了。郭玉芬接着说："我并没有过分谦虚，我只是说出了我心里所想的，我之所以能够在动植物学习上面取得一些小的成就，是因为在我看来，知识不分三六九等，只有值得学的知识和不值得学的知识。"

有同学向郭玉芬提出疑问："那什么知识算得上是值得学习的知识呢？"郭玉芬笑着说："值得学习的知识不光是我们考试会考到的知识，一些生活中的小常识、与科学有关的知识、与艺术有关的知识等，都是值得学习的知识。腾出一些时间去学习这些知识，可以增长我们的见识，更加有助于我们的日常学习。"

同学们听了郭玉芬的话，纷纷表示赞同，有些同学开始向郭玉芬学习，也按照这种学习方式学习，都收获了意想不到的惊喜。

☆☆☆

故事中的女孩子郭玉芬非常有远见，在她的心里，知识没有高低之分，只要是自己觉得值得学习的知识，她都会积极地学习。这种良好的学习态度，不光能够让她增长见闻，还能够帮助她树立良好的学习习惯，实在是一举两得。

小时候，我们总是喜欢问为什么，看到一些知识就想去深入了解一下。可是，不知道从什么时候开始，我们的问题渐渐的变少了，我们每天都沉浸在考试和做练习之中，没有什么兴趣去抬起头看看外面的世界。久而久之，我们变成了一个做题的机器，只会机械性地做题，没有思考的能力。

世界很大，有很多值得我们学习的地方，我们应该保持自己的“求知欲”，一步一步地消灭自己的知识盲点。

首先，我们要让自己喜欢问问题。不要因为觉得问问题会叨扰到别人，便闭口不言，你只有问出来，才能集思广益，得到想要的答案。

其次，不要瞧不起任何一项知识。成绩好坏并不代表所有，不要过分看重成绩，那样会让你的学习变得功利化。每一种值得学习的知识都是应该付出努力的，不要蔑视任何知识。

最后，知识有好有坏，我们应该具备判断能力。有的知识能够让我们增长见识，而有的知识只能带给我们满满的负能量。对此，我们要具备甄别能力，不要浪费宝贵的时间去学习不好的知识。

做个“好奇”的女孩

“求知欲”是每个人都拥有的，从出生起，我们就对于这个世界充满好奇，我们不断地观察着世间的种种，以此来满足自己的求知欲。可是，随着我们年龄的增长，我们的求知欲仿佛越来越弱了，我们不再喜欢动脑筋，只知道按部就班地按照固有的思维模式思考，模仿他人的生活模式去生活。

☆☆☆

朱曦一是一个小学五年级的女孩子，她的生活永远都是“三点一线”，没有什么变化。她虽然学习成绩优异，可是在其他方面都非常弱势。

一次，学校里组织春游活动，朱曦一所在的班级也积极地参加了。在春游路上，同学们都跟着老师问着这样、那样的问题，只有朱曦一一直沉默不语，与整个班里的氛围显得非常违和。

朱曦一的同桌楠楠看见朱曦一一直一声不吭的样子，便走到朱曦一的身边，问她："朱曦一，你怎么了？身体有些不舒服吗？"

朱曦一看了看她，摇了摇头，对她说："我没有不舒服，我只是觉得这个春游活动没有什么意义，与其在这里浪费时间，还不如在教室里做一些题。"

楠楠听了朱曦一的话，十分不赞同，对她说："曦曦，我们不该总是闷在教室里面，外面的世界那么大，值得我们去观察、去探索、去思考。难道你就不好奇花草树木是怎样生长，花鸟鱼虫是怎样生存的吗？我们都可以通过这次春游找到答案。"

朱曦一听了楠楠的话，不光不为所动，反而觉得楠楠的看法非常可笑，她不愿意再和楠楠探讨下去了，继续沉默不语地跟着队伍。同学们都神采飞扬地讨论着一路上的风景，收获颇多，只有朱曦一一无所获。

☆☆☆

故事中的女孩子朱曦一有些过分"成熟稳重"，她没有同龄人的童真，当其他同学都怀着好奇心参加春游时，只有她一声不响，十分厌恶春游活动。当楠楠想将她带入群体中去时，她不但没有领情，反而一直排斥楠楠，最后大家都从春游中收获到了知识，只有她心不在焉的，一无所获。

随着年龄的增长，我们总是习惯消除自己的好奇心。在有些人心中，好奇心不该存在，他们认为好奇心会妨碍我们的正常生活，也会浪费我们的时间和精力。于是，她们即使看到不懂的问题，只要不是与学习有关的，便不会多加过问。

这种想法一旦滋生，就会迅速蔓延，我们如同成了牵线木偶一般，不再拥有自己的思维，只会照搬照抄前人的经验和智慧。我们自以为这是一种好的生活模式，殊不知我们的大脑已经在无形之中被荒废了。

☆☆☆

蔡珊珊是一个小学六年级的女孩子，她因为面临着升学压力，所以每天的学业都很紧张。可是蔡珊珊永远都将学习和玩耍分配得很好，做到两不耽搁。

一次，蔡珊珊在期末考试中数学成绩非常棒，就只有一道大题做错了，蔡珊珊有些失落，她下定决心一定要将这道题做出来。可是，老师在讲解试卷的时候并没有讲这道大题，老师给大家的解释是，这道题目超纲了，大家不会做也没关系。

其他同学都接受了老师的说法，认为自己只要会做考试要考的题就可以了，可蔡珊珊偏偏不甘心，她对这道题的解答方法充满了好奇，她决心一定要做出这道题来。

后来，蔡珊珊去办公室请教了老师，老师说："珊珊，并不是老师想偷懒不给你们讲这道题，只是这道题涉猎的很多知识点我们都没有学过，以你们现在的水平完全无法做出来。"

可是，在蔡珊珊的一再央求下，老师还是为蔡珊珊讲解了。蔡珊珊将听不懂的知识点都记在了本子上面，回到家后，蔡珊珊通过网络渠道查明白了问题，将这道题研究得十分透彻。

蔡珊珊将题目研究透彻后，十分开心，她觉得自己的“好奇心”得到了满足，还提前掌握了一些知识，非常值得骄傲。

☆☆☆

故事中的蔡珊珊是一个好奇心“旺盛”的女孩子，在她心里，不论这件事与考试成绩有没有关系，只要引起她的注意力就都该仔细研究一下。这种好奇心太重，不光不会给她带来坏处，还帮助她多学会了一些知识。

作为女孩子，我们应该时刻充满好奇，我们年龄不大，对这个世界还有很多未知领域，如果我们总是刻意扼杀自己的好奇心，那么久而久之，好奇的心态就会离我们越来越远。失去了好奇心以后，我们对这个世界都开始不感兴趣，这是非常可怕的，每天都如同一个机器活在这个世间，生活会了无生趣。

首先，我们不要总是想着怎么激发自己的好奇心，这样往往会适得其反。其实好奇心不用特别去培养，我们生下来就是具有好奇心的，只要注意保持，不要刻意去抑制我们的好奇心，那么我们就会是一个充满好奇心的女孩子。

其次，我们对某件事情产生好奇心以后，不要放任不管，要继续去研究一下，满足自己的好奇心，同时也能收获一项新知识。

最后，并不是什么类型的好奇心都是好的。我们可以对未知的领域产生好奇心，可是不该对别人的隐私问题产生好奇心，更加不要随意窥探他人隐私，这是非常不礼貌的行为。好奇心要有度，才能收获满满的正能量。

第七章

放大自己的优势

——细致的女孩更会学习

俗话说：世上无难事，只怕有心人。不管是什么时候，肯用心的人总是能抢占先机，优先发挥自己的优势，获得成功。所以，女孩们在学习的时候一定要用心，还要细心、有足够的耐心，这样才能善用自己的优势，在学习的道路上少走弯路。

用细心做好所有细节

“细节决定成败”，这是我们都要谨记的事实，无论是多么微小的工作，都需要我们细心对待，有时候一些细小的失误会让我们功亏一篑。细心更是一种严谨的态度，无论是对待学习还是工作，我们都要细心一些，这样才能做好所有的细节，这是对自己负责，也是对别人负责。

☆☆☆

安乐可是一个大大咧咧的女孩子，她目前正在上小学六年级。在她眼里，她的大大咧咧是一种非常直率的个性，所以她从来没有想过要改变一下自己大大咧咧的性格。

有一次，班级里组织兴趣小组活动，安乐可报了一个写作小组。近期，活动接近尾声了，老师要求每个小组都总结一下在兴趣小组活动中收获到了什么，等到班会课的时候，老师会让每个小组都展示一下。

安乐可所在的小组决定要让小组里的每个成员都写一些心得体会，然后把大家的心得拼凑在一起，在班会课的时候派出一个代表来读。组长将任务布置下去以后，大家都纷纷赞同，安乐可也并没有提出什么异议。

可是，当小组成员都完成了心得体会后，安乐可却并没有上交自己的心得体会，组长一再催促安乐可上交，安乐可便胡乱地编造了一些东西，交了上去。

组长在整理大家的心得体会时，发现安乐可上交的文字中存在很多病句和错字。于是她找到安乐可，向她说明了这些问题，安乐可都不以为意，觉得这些小的问题不值一提。组长觉得她写出来的心得体会和大家的相差甚远，经过大家一致同意，便将安乐可的心得体会去掉了。

安乐可对于大家的这个做法非常不满意，和大家都闹僵了，可是，是她自己消极怠工在前，大家觉得她是无理取闹，都不再理她了。

☆☆☆

故事中的女孩子安乐可认为自己大大咧咧的性格非常好，可是她这种性格导致她总是粗心大意地对待事情。面对集体作业，她觉得不用太过认真，便胡编乱造了一份，大家都觉得她的语言存在问题，可是她自己却不愿改正，没有处理好一些细节上的问题，最终，大家迫不得已删去了她的心得体会。

事情没有大小之分，每一个任务都值得我们用心去对待，倘若你因为瞧不起某件工作，便以一种消极的态度去看待它，那么结果会给你一个痛击。况且这种粗心大意的习惯也会一直伴随着你，给你带来不小的危害。

凡事都要细心对待，细心并不是畏首畏尾，而是要随时随地以最高的标准要求自己，谨慎地处理每一件事。事情无论大小，只要是你应该处理的事情，你便要尽职尽责，不要辜负他人对你的期望，也是对自己的一种负责。

☆☆☆

苏七七是一个小学五年级的女孩子，她聪明伶俐，爱好广泛，性格开朗活泼，直率可爱，可是处理事情的时候却严谨认真、一丝不苟，大家都非常信赖她，愿意把她当作依靠的对象，因此她当之无愧地担任了班长一职。

有一次，学校里组织春游活动，恰巧苏七七她们班的班主任有事请假了，班主任便委托另一位老师多多照看自己的班级，也嘱咐苏七七协助老师管理班级。

苏七七谨记老师的嘱托，在春游前一天就准备好了一些晕车药、胃药、防过敏药，还准备了一些水果和矿泉水。另外，苏七七还准备了几份班级的花名册。她按照之前老师分的学习小组来分组，将花名册分发给各小组组长，要求组长照看自己的组员，时常清点人数。

就这样，春游开始了，途中有些同学产生了晕车的状况，苏七七拿出自己早已准备好的晕车药，给他们服下，大家的状况都好多了。

途中各种各样的状况都因为苏七七的准备而轻松化解，跟随的老师看见了这种情况，深感欣慰。春游结束以后，老师们和同学们纷纷向班主任老师夸奖苏七七，老师也觉得苏七七是一个细心的小女孩，对她更加信任了。苏七七也暗下决心，一定不辜负老师的信任，认真地对待老师布置的每个任务。

☆☆☆

故事中的女孩子苏七七性格活泼、直率，做起事来认真、严谨，是一个不可多得的人才。面对老师给她布置的任务，她早早地就做好准备工作，轻而易举地解决了所有突发情况，让同学们和老师都欣喜不已，也更加信任她的能力了。

作为女孩子，我们更应该做事细心，因为细心的人总是会让人感到放心，给他人一种信任感。这样一来你会交到更多的朋友，也会变得越来越优秀。而粗心的人总是让人觉得毛毛躁躁的，无法全心全意地信任她，无形之中，你就会失去许多朋友。

没有人会称赞做事慌慌张张的人，所以我们要努力做一个细心的女孩子。

首先，我们要告诫自己，不可以做事只求速度，为了应付差事而着急把事情做完，这样做出来的事情是没有质量可言的，大家也不会觉得你是做了一件有意义的事情。

其次，要从小事情开始，严格要求自己。习惯都是日积月累、逐渐养成的，只有在日常生活中严格要求自己，才可以让自己养成细心的好习惯。

最后，我们要明白，做事细心不只对给你布置任务的人有利，也对你自己有益。细心的做事风格可以培养你的责任心，让你懂得承担自己的责任，有助于你的成长。

耐心让女孩更容易成功

耐心是需要我们从小培养的，当你学会了耐心，你就同时拥有了一种非常优良的品质。耐心做事可以让我们将事情处理得更加周密、得体；耐心对人能够让别人感受到你的善意，愿意和你打交道。耐心地待人处事也能够使你的内心平和，除去焦躁不安等容易扰乱我们内心的情绪。

☆☆☆

魏迎新目前在上小学六年级，她是一个没有耐心的女孩子，总是因为一点小事便大发脾气，面对复杂的事情也没有什么耐心去仔细做好，对待身边的人更是暴躁不已，导致没有什么人愿意和她做朋友。

近日，魏迎新所在的班级来了一个转校生，她是一个性格活泼的女孩子，大家都非常喜欢她。老师觉得可以让转校生和魏迎新做同桌，两个人也许会成为好朋友，那样魏迎新的个性也会变好一些。

于是，老师便将转校生妍妍安排在了魏迎新旁边。妍妍来到魏迎新身边，对她说："你好，我叫金妍妍，你可以叫我妍妍，以后我们就是同桌了，还请多多关照啊！你叫什么名字呢？"

魏迎新不耐烦地说："魏迎新！"妍妍并没有介意魏迎新恶劣的态度，笑着对她说："我才转过来，有很多课程都会跟不上，我听老师说你成绩优秀，你可不可以帮我补习一下啊？"

魏迎新答应了，妍妍便拿出课本来，让魏迎新为自己讲解不懂的题目。魏迎新一开始还非常有耐心地为妍妍讲解问题，可是当妍妍再提出一些疑问的时候，魏迎新却显得非常不耐烦了，她觉得妍妍太笨了，怎么讲都讲不好，可是妍妍只是想进一步问一问。

两个人因此闹得有些不愉快，老师见状及时将两个人分开了，魏迎新又成了一个孤单的人。

☆☆☆

故事中的女孩子魏迎新在与人相处的过程中缺乏耐心，总是用一种暴躁、消极的态度对待身边的人和事。老师有意帮助她改变一下性格，便将性格活泼的转校生妍妍安排成为她的同桌。妍妍也决心要和魏迎新成为好朋友，可是魏迎新再一次用自己的不耐烦伤到了同学，最终没有人愿意和她做朋友了。

无论是在学习中还是在日常生活中，耐心都是必不可少的。我们年龄尚小，可能觉得耐心并没有老师和父母所说的那么重要。于是，有些同学便放任自己，她们不再认真地对待身边的人和事，面对稍微复杂一些的事情也不想静下心来研究，甚至有些同学在做作业时都无法耐心去做，写一两道题后思路就开始跑偏。

一般情况下，耐心的人都会比缺乏耐心的人更加优秀，当你耐心地处理一件事情的时候，你会感觉自己沉浸在一个研究过程之中。在这段时间里，你会体会到耐心的美妙之处，无论结果如何，你的心情都会变得无比舒畅，因为你的大脑在充分思考。

☆☆☆

胡文英是一个小学六年级的女孩子，她性格沉稳、内敛，有着同龄人没有的稳重，这让她身边的人都觉得与她相处非常踏实。

胡文英对科学研究非常感兴趣，她不光参加了学校里组织的科学兴趣小组，还报了很多研究科学的学习班。起初，同龄人中有很多和胡文英一起参加科学学习班的，最后都纷纷放弃了，只有胡文英一个人还在坚持。

胡文英能够一直坚守在研究科学的路上，有一部分是源于她耐心的个性。有一次，老师要求大家各自观察生活中的人和事，根据大家需求或者是自己突发奇想做出一个小的机器人模型。

当老师将这个任务布置下去以后，大家都惊呆了，所有人都认为这是不可能完成的任务，有些人在一开始就放弃了，有些人在中途放弃了，只有胡文英一个人坚持了下来。

在这个过程中，胡文英查阅了许多资料，做了非常多的记录，还经常带着自己的“半成品”去请教老师。她把老师的修改意见和自己研究的结果相结合，最终做出了一个十分简易的小型机器人。

胡文英开心极了，她觉得虽然自己的成品不是特别好，但是自己一直耐心地研究着，这就是最大的成就了。老师也连连称赞她，为她提供了许多指导意见。就这样，胡文英的科学研究之路越走越远了。

☆☆☆

故事中的女孩子胡文英是一个用耐心获得成功的例子，她头脑聪明、遇事沉稳，当老师布置了一个看似不可能完成的任务时，同学们纷纷退缩，只有胡文英坚持不懈，用自己的耐心做出了一个成果。她不仅得到了老师的另眼相待，还为自己树立了信心。

作为女孩子，耐心对我们来说是至关重要的，它可以在关键时刻帮助我们赢得胜利。对人对事都要充满耐心，这样我们才能够收获到友谊和成功。

首先，我们要懂得，耐心并不单单是指对待身边的人，在做一件事情时也要充满耐心，倘若你总是三心二意地做一件事情，那么你只会付出比别人更多的时间才能掌握一项技能。如果你耐心地研究某件事情，那么无论结果如何，你都会在过程中收获快乐。

其次，不要觉得凡事都有耐心是对自己的一种束缚。耐心是一个良好的品质，值得我们去拥有，不要觉得她会压制自己。

最后，耐心是成功的法宝。耐心会为你带来许多机会，帮助你通往成功。没有人愿意将工作交给一个粗心大意、大大咧咧的人，耐心、细心的人会给人一种安全感，让人想要将任务交托给他们。

自己的错误自己找

“人非圣贤，孰能无过。”每个人都会有犯错误的时候。当我们犯错误时，一定要静下心来去寻找错误，然后思考自己为什么会犯错误，亲自改正错误，这样才会将错误铭记在心。若是一直依赖别人，那么改正错误便失去了意义，对于你以后的生活也没有什么太大的帮助，你只会不断地“重蹈覆辙”。

☆☆☆

姚欣欣是一个小学六年级的女孩子，面对升学的压力，她最近总是觉得苦不堪言。一遍又一遍地做题，对她来说没有半点用处，她的脑袋仿佛越来越糊涂了。

一次期中考试结束后，姚欣欣又做错了很多以前见过的题目，她觉得自己越来越笨了，对学习更加没有什么信心了。姚欣欣回到家，一副灰心丧气的样子，她的妈妈看见了她这副模样，便问她：“欣欣，你怎么了？有什么伤心事可以和妈妈聊一聊，不要自己憋在心里。”

姚欣欣听了妈妈的话，哇的一声哭出来了，委屈地对妈妈说：“妈妈，我这次期中考试成绩出来了，我又没有考好，我总是让你失望。”

姚欣欣的妈妈说：“没关系的，每个人都会有这样的一个阶段。妈妈相信你，只要你努力学习，就一定可以取得进步。”

姚欣欣说：“可是，我总是把很多做过的题目做错，一直都犯同样的错误，我也不知道自己是怎么了。”妈妈安慰她说：“谁都会犯错误，你及时找到错误改正就好了，不必太过自责。错误是帮助你成长的一种方式，你要善于从错误中总结经验，以此来应对以后的生活。”

姚欣欣听了妈妈的话，有些似懂非懂，她并没有搞清楚妈妈说的重点，犯了错误一直都没有改正，总是寄希望于同学和老师，让她们来帮助自己寻找错误，导致错误越来越严重，自己却没有应对能力。

☆☆☆

故事中的女孩子姚欣欣总是将重点放在自己犯的错误上，却从来都没有考虑过自己为什么会犯这种错误、应该如何针对错误想出改正方法。她一味地依靠父母来安慰她，殊不知别人的安慰只能起到很小的缓解作用，终究是于事无补的。

在成长道路上，我们会遇到成功，同样也会遇到失败，倘若你只会沉浸在成功的欣喜中，却无法付出精力来思考自己的失败，那么你就会一直失败下去。在同一个地方“栽跟头”是最愚蠢的做法，你只会依赖别人来找寻自己错误的根源，可是别人终归没有那么了解你，无法切身体会你的感受，解决起问题来自然就要浪费很多时间和精力。

自己的错误自己解决，在解决错误的时候要习惯思考问题，不能只是知道自己犯了一个错误，要明白错误的原因，彻底纠正这个错误，让自己变得越来越优秀，否则你只会不停地纠结于同一个错误，永远无法成长。

☆☆☆

金巧巧是一个聪明伶俐的女孩子，目前正在上小学五年级。她有时候马马虎虎的，做事不顾虑后果，想到什么便做什么，因此吃了不少亏。

金巧巧的妈妈觉得不能再让女儿继续这样下去了，便找到金巧巧，对她说："巧巧，你不能再这样大大咧咧的了。你是一个女孩子，做事要严谨一些，这对你来说是有很多好处的。"

金巧巧听了妈妈的话，觉得非常有道理，点了点头。妈妈看见她赞同的样子，便继续说："巧巧，妈妈指出你最明显的一个问题，就是你在犯了错误以后，总是需要别人为你指出错误，这样你是无法真正了解自己的不足之处的，你只有主动去思考、去观察，才能够知道自己存在哪些方面的不足，及时地做出改正。"

金巧巧听了妈妈的话，有些醍醐灌顶的感觉，她回想起来，自己以前做错了题目总是等待着同学或是老师为自己讲解疑惑，从来都没有自己先思考一下错误根源。不光是在做题目的时候，有时候在日常生活中也是如此，她没有自己动脑筋思考过问题，以至于总是在同一个地方"摔倒"。

经过妈妈的点拨，金巧巧决心要成长起来，她专门准备了一个小本子，记录自己的错题，在本子上工工整整地抄录错题，然后写下自己做错的思路，并思考如何改正。果不其然，这样做以后，金巧巧的成绩提高了一大截；在生活方面，金巧巧也活学活用，果真对自己有了很大的帮助。

☆☆☆

故事中的女孩子金巧巧过去有些坏习惯，总是做事情马马虎虎，不经过大脑思考。在妈妈的建议下，金巧巧改正了自己的这个错误，每天都要思考自己是否有什么地方需要改正，经过这种变化以后，金巧巧果然变得越来越优秀了。

作为女孩子，我们更要做到“吾日三省吾身”，不要总是糊里糊涂地生活。我们的青春是有限的，要利用起来做一些有意义的事情，这就要求我们，对于自身的错误要积极地思考改正方法，我们应该学会成长，不要总是依靠他人为我们指正错误。

首先，我们可以多多思考一下自己的行为举止。有很多错误是无形之中犯下的，不要觉得别人没有指责你，你就做到了万无一失。有些时候，身边的人做不到时时刻刻监督你的一言一行，就算他们有时候能够发现你的错误，也会不太好意思指责你。这就需要你规范要求自己，不要让自己的错误蔓延。

其次，小的错误也要及时查证。不要觉得有些错误没有什么大的问题，对你不会有太大的影响，你就掉以轻心。“千里之堤，溃于蚁穴。”只要是错误都值得你花费时间和精力去思考和改正。

最后，他人的指正只是片面的，只有自己思考才能够考虑全面。没有人能比你自己更加了解你，与其依赖别人，还不如靠自己，毕竟自己总结出来的方法和经验才是最适合自己的。

专注的女孩最迷人

无论是学习还是工作，专注都是必不可少的。专注可以分为两个方面来理解，一是专注于一件事情，将所有的时间和精力都花费在一件事情上，不断地钻研和探索；二是我们在做一件事情时要全神贯注地做，不可以三心二意。对于我们来讲，后者更加贴切实际。我们还没有到可以全神贯注研究一件事情的程度，那么就请专心地对待手头上的每一件事情，相信你一定能够从此收获成功。

☆☆☆

文妍妍是一个聪明伶俐的女孩子，可是她徒有一个聪明的脑袋，却不懂得脚踏实地。近期她从小学升入了初中，因为自己的浮躁吃了很多苦头。

在上小学的时候，文妍妍仗着自己的小聪明，从来都没有专心致志地学习过，直到初中，学习的科目难度和内容都增加了，文妍妍非常不适应，成绩退步了很多。

文妍妍的班主任老师找到文妍妍，对她说："妍妍，老师看过你的入学成绩，在班级里是名列前茅的，为什么到了初中以后，成绩下降得这样厉害？你对于初中生活有什么不适应的嘛？如果有，你可以跟老师说一说，或者是别的什么问题也可以和老师讲的。"

文妍妍说："老师，我并没有觉得初中生活有多么的难以适应，只不过我以前的学习方式还没调整过来。我习惯了小学时候比较轻松的学习环境，刚到初中有些不适应。"

老师说："那你一定要早点改正错误的学习方式，老师觉得你学习的时候有些散漫、不专注，你要及时调整过来，学习是不能缺少专注的。"

文妍妍觉得老师的劝告非常唠叨，便三心二意地听着，漫不经心地应答着。可是，接下来的日子里，文妍妍并没有改正自己的散漫态度，无论是学习还是做事都马马虎虎的，做一会儿就想出去玩。这种学习状况下，文妍妍的成绩越来越糟糕，老师和家长也束手无策了。

☆☆☆

故事中的女孩子文妍妍太过散漫，她用这样的学习方法在小学的时候还可以勉强凭借自己的小聪明应付过去，可是到了初中，学习科目的难度和内容都增加了，不再是小聪明可以应付的了。可是她这种学习方式已经形成了，她又没有什么意识要去改正错误，只会让自己越来越松懈，荒废时间。

专注力对我们来讲是必不可少的，无论做什么事情，缺少了专注力都会让我们一事无成。聪明或许是你的一个优势所在，可是人不能只靠聪明，还要靠勤奋，脚踏实地才是最好的制胜法宝。

培养专注力的同时能够增加我们的耐心，不要觉得我们年纪尚小，专注力对我们来讲是不重要的。相反的，正因为我们年龄尚小，所以才要及时地培养专注力，做事情不可以三心二意的，这样不仅浪费时间和精力，还会让结果达不到你的预期水平。而你如果专注地做一件事情，那么无论结果如何，你都会享受到付出的过程。

☆☆☆

林莲莲是一个小学六年级的女孩子，她学习成绩非常棒，一直都在班级里名列前茅，这主要归功于她的专注力。

每次在学习的时候，她都能高度集中精神，专注于眼前的难题，而不被外界所扰乱。

有一次，林莲莲正在写数学作业，其中有一道题目解答起来比较复杂，她便一直在座位上研究这道题目。

这时，同班同学雯雯走了过来，想和她说点事儿。但是林莲莲却没听到她的话，她的注意力全集中在题目上。

就这样过了一段时间，她终于顺利解出了题目，这时，她才看到雯雯站在她身边，好像还在跟她说话。

“雯雯？你有什么事吗？”她问。

“我站了半天你都没发现我啊？”雯雯她哭笑不得地说：“你这专注力真的太强了，我实在是佩服，难怪你成绩好，我以后要向你学习呢。”

林莲莲被她夸奖，不好意思地低下了头。

☆☆☆

故事中的女孩子林莲莲做事情很专注，能够集中精神去做某一件事，从而解决问题，提高自己，她的专注力在无形之中给了她很多帮助。而她在拥有了这样的专注力后，以后的生活也会因为专注力而获得很多精彩与成就。

因为每个人的性格不同，他们对于事情的专注程度也可能不一样。性格开朗活泼的女孩子，她们做事情的时候可能更加大大咧咧，不能忍受长时间都研究一件事情；而性格相对安静的女孩子，她们可能更加容易静下心来做一件事情。当然，专注力也不光依靠天性，还要取决于后天培养。

第一，作为女孩子，我们更要明白专注力对我们来讲是非常重要的。专注力可以让我们更加珍惜时间、努力上进，当然也会让我们尽情地发挥自己的聪明才智，一步一步迈向成功。

第二，我们要从小事开始逐渐地培养自己的专注力。不要瞧不起小的事情，习惯都是从小事中养成的，因此我们更加应该付出耐心与精力去对待身边的小事。当你把小的事情都处理得当了，那么处理起大的问题来就会更加得心应手了。

第三，如果你总是觉得自己无法专注去做一件事情，不要气馁，我们可以逐步培养自己的专注力。比如：先坚持做半个小时的题目，然后逐渐增加时间。对于专注力的培养，我们不可以急于求成，一步一步地走，才会更加踏实。

女孩要学会捕捉学习的“快乐”

处于我们这个年龄阶段的孩子，大多都喜欢玩乐，不喜欢学习，因为在他们心里，玩乐的过程是充满快乐的，而学习的过程是痛苦的。其实并不是这样的，玩乐有玩乐的乐趣，学习也有学习的乐趣。相较于玩乐，学习的乐趣更值得我们花费时间去探究与享受。

☆☆☆

郭苗苗是一个小学五年级的女孩子，她非常喜欢玩耍，讨厌上学。最近，暑假即将结束了，郭苗苗总是吵着闹着说不要去学校了，妈妈对此忧心如焚。

暑假期间，郭苗苗总是找各种理由不做作业，跑出去玩。有一次，郭苗苗又准备出去玩，妈妈拦住她，对她说：“苗苗，你的暑假作业做多少了？不要总是想着出去玩，学习是你的第一要务。”

郭苗苗听了妈妈的话，不耐烦地说：“妈妈，你不要总是唠叨我了，我在学校的时候每天都要学习，郁闷死了。现在好不容易放假了，您就让我休息一下吧！”

妈妈说：“妈妈知道你累，可是你也要学会将学习和玩耍兼顾啊，不要总是知道玩，都没有时间学习。如果你总是想着玩乐，那么开学的时候，你就会特别不适应，对你的学习和生活都会造成不好的影响。”

郭苗苗觉得妈妈的劝告让她心烦意乱，她觉得妈妈一点都不理解她，她讨厌学习，认为学习是枯燥无味的，处于这个年龄阶段，玩乐才是最重要的。于是，郭苗苗丝毫不把妈妈的话放在心上，继续玩耍。

开学的时候，郭苗苗就开始找各种理由不去上学，妈妈和老师都为此苦恼不已。

☆☆☆

故事中的女孩子郭苗苗总是认为学习是毫无乐趣的，因此，她讨厌学习、不想去上学。其实，她只不过是不会从学习中寻找乐趣罢了。和玩耍一样，学习也是有它的乐趣所在的，而且学习过程中你会收获很多奇妙的感觉。

爱玩是每一个孩子的天性，可是作为学生，学习才是第一要务。所以，我们不妨将学习和玩耍结合起来。倘若你只看到学习中的乏味无趣，那么你就会越来越讨厌学习，最后甚至害怕学习。这对于你是非常不利的，会给你以后的学习生活造成很大的困扰。

每一个学习成绩优异的人，他们大多都是把学习当作一种乐趣，从学习中获得满足感。当他们做对一道难题或者研究出一个新的学习方法时，他们会从心里产生深深的满足感和自豪感，这种感觉促使他们更加积极地去学习，而且更加热爱学习。

☆☆☆

蒋年年是一个活泼开朗的女孩子，目前正在上初中一年级。刚上初中的时候，蒋年年有些不适应初中的学习环境和生活环境，每天都过得非常艰难。但蒋年年用自己的乐观向上支撑了下去，逐渐适应了初中生活，不论是在同学相处中还是学习中都取得了很好的成绩。

刚到初中的时候，蒋年年在学习方面总是跟不上，她也一度对自己产生过怀疑，甚至想要放弃学习。后来，在一次考试中，蒋年年取得了一些进步，这鼓舞了蒋年年，让她更加有勇气和自信去对待以后的学习生活。

蒋年年静下心来思考问题，她觉得自己之所以学习成绩不好，是因为她总是将学习当作一项任务，她学习是为了父母和老师的嘱托与期盼，并不是为了自己。她并没有体会到学习的乐趣与真谛，每天都按部就班地做着一些毫无意义的事情。

想通了这一点以后，蒋年年下定决心，一定要从学习中寻找乐趣，让自己真正爱上学习，做到为自己学习。

自此以后，蒋年年每一次取得进步以后，都会在心里暗暗地鼓励自己，让自己更加有力量去前行。她每天都会看一些新闻，自己动手做一些数学模型，还会学唱英文歌曲，了解历史故事，以增加自己对学习的兴趣。

久而久之，蒋年年果然对于学习充满了兴趣，成绩也提高了一大截。

☆☆☆

故事中的女孩子蒋年年以前总是对学习提不起兴趣，她觉得自己学习是为了考出一个好成绩，不然不敢面对老师和家长。后来，她茅塞顿开，她明白了学习是为了自己，只有不断地从学习中寻求乐趣，才会让生活变得更加有乐趣。之后，她果然找到了学习中的快乐，成功地提高了自己对于学习的热爱。

作为女孩子，爱玩并没有什么错误，但是不可以因为玩乐而荒废学习，学习也是一种“玩”，只要你找到其中的乐趣，那么就会获得很多学习的乐趣。学会捕捉学习中的快乐，是一种需要我们学习的大智慧。

首先，我们不要从心里排斥学习。学习并没有我们想象中那么枯燥无味，无论是哪一科的学习都是有着独特的乐趣的。我们要想着从学习中获得乐趣，而不是讨厌学习，否则“学习”也会“讨厌”你的。

其次，每个人都有属于自己的学习方法，不可以过分地按照别人的学习方式照搬照抄。就像每个人喜欢玩的游戏不一样，每个人从学习中找到的乐趣也不一样，我们可以借鉴一下别人的学习方法，但是不可以全部模仿下来，否则会适得其反。

最后，我们要从学习上的进步中收获快乐，不要被退步打击，要愈挫愈勇，勇敢地前进。谁都会遇到挫折，不要一遇到挫折就开始对学习失去兴趣，站起来，继续努力，加油，你一定会取得一个好成绩的。

第八章

女孩怎能轻易认输

——学习就要愈挫愈勇

人生在世，难免会遇到挫折，只要有一颗不认输的心，就一定能想到克服困难的方法。学习也一样。如果女孩在学习中遇到了困难，千万不要轻易放弃，要有拼搏精神，要愈挫愈勇，战胜困难，战胜自己。

考不好不丢人！

女孩在学习的过程中，除了认真听老师讲课、好好学习，还要经常面对的，恐怕就是考试了。

考试是验证女孩学习成果的有效方法。在考试的过程中，可以检验女孩这段时间的所学是不是都掌握了，查漏补缺，让女孩知道自己哪些地方很优秀，哪些地方还欠缺。

但是，事实却是很多女孩都害怕考试，甚至有一些平时学习成绩不错的女孩，在面对考试的时候，也容易紧张，导致考试的时候发挥失常，影响自己的成绩。

☆☆☆

上了初三，各科形形色色的考试便是家常便饭了。张萌的学习压力很大，每次考试她都会害怕，担心自己考不好，会受到父母的训斥，会被同学们笑话。

“来说说你这次成绩是怎么考的吧。”妈妈不愠不火的声音却似乎有另一种力量，牵引着又一次没有考出理想成绩的张萌往茶几方向走去，但是目光却始终躲闪着。

“你看看，又是这些简单的错误。你说考试之前给你讲过多少遍了？这种低级错误你犯过多少遍了？到现在还是这样，你说中考的时候怎么办？你这样下去，怎么能考进理想的高中呢？”看着满是错误的试卷，妈妈真是恨铁不成钢。

张萌一言不发，她也不知道该怎么对妈妈解释，听着妈妈一次次的质问，她的心里更紧张了。到了下一次考试的时候，她的压力更大了，觉得自己太丢人了，连个考试都应付不了，明明平时学习很用功，成绩也不错，怎么一到考试就变成这样了呢？

因为这些原因，她再一次考砸了，明明之前都会的题目，考试却做错了。她觉得自己丢死人了。

☆☆☆

女孩之所以会害怕考试，很大一部分原因是担心自己考不出好成绩，到时候丢人现眼，不仅会被同学耻笑，还有可能受到家长、老师的训斥。

基于这些因素，女孩一听到考试就会心慌紧张，更别说在考试的过程中会以怎样糟糕的心态来面对和进行了。

其实，考试并不像女孩们想象的那么可怕，女孩要正确看待考试，把它当成一个平常的检验自己的“道具”。以平常心来对待，可能就会好很多。

☆☆☆

刘薇薇是一名刚刚参加完中考的女生，为了考上理想的高中，她初中三年学习都非常用功，考试前也做了大量的准备工作，每天都复习到很晚。中考前的一天，刘薇薇和妈妈聊天时说，“妈妈，我们明天就要考试了，我怎么突然觉得自己这么紧张啊？”

妈妈说：“你平时的努力妈妈都看在眼里，无论考试结果怎么样都没关系，你要对自己有信心。”

“可是，我怕我考不好，那样太丢人了。”刘薇薇说。

“考不好怎么就丢人了？你别给自己太大的压力。妈妈教你一个办法，如果在考试中感觉自己非常紧张，你就先暂停答题，想想让自己开心的事情来转移一下注意力。放松心情，以平和的心态来面对接下来的考试。”妈妈建议道。

第二天，刘薇薇在参加考试时确实非常紧张，当铃声一响，试卷发下来的时候她手心都湿了。这时候，她想起了妈妈前一天说过的话。

于是，她开始幻想自己新的校园，并憧憬了一下自己的高中生活。三分钟之后，刘薇薇就感觉自己不那么紧张了，这时她才拿起笔开始答题。

最后，刘薇薇如愿考取了自己理想的高中。

☆☆☆

女孩要以平常心来对待考试，不要把考试当成一种压力，更不要把它想象的过于可怕，这样只会影响女孩的情绪，让女孩更加难以正常的心情来面对考试。

当女孩感觉自己害怕考试的时候，可以试着转移注意力，用其他的事情帮助自己排解心中的压力，就像故事中刘薇薇的妈妈所教的方法，在考试的时候，先让自己的心情放松下来，再进行考试，这时候，起码不会让女孩在考试的过程中发挥失常，能达到平时应有的水平。

另外，女孩还要在平时多和父母进行良性的沟通。很多时候，女孩之所以害怕考试，怕考不好了丢人，是因为父母给女孩过多的压力。这种时候，女孩要多和父母沟通，把自己的真实水平告诉父母，再请他们不要给自己过多的压力。即便是偶尔有一两次没有考好，也不要急于否定自己，把自己心中的担忧和害怕告诉父母，相信爱你的父母，都会理解并体谅你的。

所以，女孩不要把考试看得过重，平时怎么样，考试的时候就怎么来应对，别觉得考不好就丢人了，丢人的不是你考不好，而是你不好好学习。

做个知难而上的“女汉子”

“不经一番寒彻骨，怎得梅花扑鼻香。”激人奋进的语句有很多，但是最欣赏的还是这一句。人生的路太长，这一路我们会遇到各种各样的问题。在青少年时期，学习的问题是我们最大的“敌人”。现在网络上很流行一个用来形容女孩子的词——“女汉子”，她们被认为性格言行和男孩子相似，性格豪爽，不拘小节。

☆☆☆

慧慧在小学时是一个优秀的好孩子，爸爸、妈妈和学校的老师都很喜欢她，从小生活在一帆风顺的生活环境中，学习优异更是让她成了众星捧月的对象。转眼间，六年的小学时光就这样过去了，慧慧以第一名的成绩考进了市里的重点初中的重点班级，不出意外地当上了班长。可让慧慧没想到的是，初中的科目种类繁多，把还没适应初中生活的慧慧打得措手不及。不久后，第一次月考的成绩下来了，第25名，看着一落千丈的成绩，她心中说不出的难过，怎么也没想到自己会考成这样，豆大的泪水如雨点般落了下来。

不久后，班主任找到了慧慧，问她：“你怎么能考成这样？你还是班长，当初你可是以第一的成绩考进来的啊，到底怎么回事？

慧慧急忙委屈地说：“老师，我也不知道，可能是我还没适应初中生活，初中的班长也比小学的任务多了很多，我忙不过来。”

老师反问道：“是没适应初中生活吗？你已经上了初中，不是小孩子了，要尽快适应环境，及时调整自己，再这样下去，你的班长也不用当了，既然班干部影响你学习，那你就安心学习，让别人当好了，你先回去吧，看你下次成绩。”

慧慧怎么也想不明白，小学老师对她可是连一句重话都没说过，现在老师怎么能这么批评自己？那么优秀的自己现在怎么会变成这样？于是她陷入了死循环，心想：“老师越批评我，我就越不好好学习，我才是最优秀的孩子，你不喜欢我，我也不喜欢你。”

就这样，慧慧抱着破罐子破摔的心态，导致她的成绩一直走下坡路，直到初一结束，最后一次考试，她排名到了倒数第五，而学校有规定：重点班的学生最后一次考试在班里最后五名的，要转到普通班级，直到初中结束。

☆☆☆

故事中的慧慧，从小生活在一帆风顺的生活环境里，没有遭受过生活的打击，一经受挫折就开始一蹶不振。故事中的初中老师，不但没有及时疏导慧慧的心理问题，反而一再地责怪她，导致慧慧的心理发生了巨大的变化，在面对学习中的问题，她选择的不是逆流而上，而是破罐子破摔。

人生的路很漫长，最后的结果不是看你能站得有多高，而是要看你跌落到谷底时有多大的反弹力。很不幸，慧慧成了那个被现实打倒的孩子。

☆☆☆

五年级的薇薇是班上名副其实的“女汉子”，打蟑螂，捉虫子，搬桌子……小女生怕的、不敢做的，她来者不拒、照单全收。

她是班上每个人都很喜欢的好同学。

别看我们的“女汉子”天不怕、地不怕，可是啊，她唯独怕学习，一听到“学习”两个字就头大。一次期中考试，薇薇不出意外地发挥了自己的正常水平，独占班级的第30名而不败。

好朋友西西过来跟薇薇说：“‘女汉子’这次怎么样啊？”看着薇薇那平静的脸，忙说：“女汉子，你啊，哪都好，就是学习成绩差了那么一点点，一丢丢，要是学习成绩再好一点就更完美了。”

薇薇说：“我也想啊。可是以前的功课差了太多了，现在也不会了啊，但是我一定会努力的，再也不想在30名上独孤求败了。西西，你可以帮我吗？”

西西很乐意地说：“当然好啊，我还怕想帮你，你不愿意呢。”

薇薇始终相信“世上无难事，只怕有心人”。她一直都在生活中用这句话激励自己：学习没有什么的，我连虫子都敢活捉，不就学习嘛。没什么没什么。我要努力，下次我一定要考得更好。面对学习的挫折，薇薇没有气馁，而是逆流而上。很快，在西西的帮助下，薇薇的成绩一路披荆斩棘，所向披靡，终于在小学升初中的考试中，以全班第三的优异成绩考取了市里的重点中学。

考试结束后，西西来找薇薇玩，她说：“薇薇，怎么样？我就说嘛，我们的女汉子可以是最完美的。性格好，会的多。当然啦，我们成绩也是棒棒的啊。”

薇薇高兴地说：“谢谢你，西西，一直那么帮我！现在我知道了，学习一点都不困难，只要我努力了，付出行动了，学习也一样能被我‘打倒’。”

☆☆☆

故事中的薇薇，面对困难没有选择逃避，敢于直面学习中的困难，不被挫折打倒，有好的竞争意识，你拼我赶，超越自我，懂得在学习中享受逆流而上的快乐。做到了名副其实的在学习中知难而上的“女汉子”。

想要在学习中做个知难而上的“女汉子”其实并不难，在学习之前认真考虑，一旦下定决心就要勇往直前，坚持到底。青少年时期拥有的梦想只是一种智力，我们的能力就是要去实现这些梦想，无论做什么事只要自己有信心。别人给的信心只是一时的，并不能陪伴我们一辈子，所谓别人的授之以鱼，不如被授之以渔。遇到困难时不要低头，要迎难而上。古人所说的“勤能补拙”是一句良训。一分辛苦，一分收获 。在学习中绝对不能放弃，世界上没有绝对的失败，只有自己选择的放弃。当遇到困难的时候，就是我们离成功最近的时候，自己打败自己是最可悲的失败，自己战胜自己才是最可贵的胜利。相信自己就是强大，怀疑只会抑制我们的能力，关键是你能不能知难而上。只要我们能在学习中迎难而上，每个女孩子都能成为学习中的“女汉子”。

谁说女子不如男

一直以来，我们都在说“男女有别”这句话，这不单指性别及礼仪方面的区别，有时候，甚至还带有贬义，还含有女孩不如男孩的意思。虽然在体力方面，女孩确实弱于男孩，但在其他领域，女孩并不一定会比男孩差。相反，很多时候，通过自己的努力，女孩甚至会比男孩更出色，更有成就。

所以，女孩不要因为外界的影响而否定自己，不要轻易认输，一时的弱小并不代表永远的软弱，要坚持自己的道路，以最好的精神面貌来面对学习和人生压力。

☆☆☆

张亮是个男生，王小丽是个女生，两个人是邻居，从小一同接受教育，一起上下学，因为两家人的父母关系也很好，所以经常聚在一起玩。

因为接触得多了，所以两家人难免会对两个孩子进行比较。

张亮的学习成绩很好，是班里的佼佼者，而身为女生的王小丽只是班里最平常的一名学生。

两家的父母经常聚在一起比较两个孩子的优缺点，王小丽的妈妈说："真不愧是男孩子，就是比女孩聪明，女孩就是笨一点。"

"但是，为什么女孩就要比男孩笨呢？"王小丽怎么也想不通，为什么单凭每次的考试成绩，爸爸妈妈就判定她比邻居家的哥哥笨呢？

但爸爸妈妈还是觉得张亮以后肯定是清华、北大的才子，会成为大家的骄傲，而自己家女儿的学习成绩这么差，以后能勉强上个大学就不错了。

一开始，王小丽还觉得委屈，为自己争辩几句。她一直觉得，学习好并不代表什么，你看张亮学习好，还不是每天都要做那么多作业和练习题，而她虽然学习差，但因为没有了过高的期望，学习的压力很小，还能空出时间来做其他事情，比如画画、跳舞，她觉得自己很有艺术天分。所以，她很不认同爸爸妈妈的成绩决定成败的理论。

但爸爸妈妈说的次数多后，王小丽也慢慢地接受了家人的这种“设定”，开始自暴自弃起来。

期末考试结束后开家长会，老师和家长们谈论孩子们的学习情况。

王小丽爸爸自然而然地说：“反正我女儿比较笨，再怎么努力也难成大事，老师不用太费心。老师把心思多用在像张亮这样的好孩子身上吧。”

王小丽听着很难受，真不知道到底谁才是他的亲生孩子。

老师听着也皱眉头，她对王小丽爸爸说：“张亮的确是个很聪明的孩子，但是王小丽也不笨啊，她虽然不擅长学习，但在其他方面却有着超于常人的表现。谁说女孩就一定比男孩笨？只要通过自己的努力，女孩也一样能收获成功的。”

“真的吗，老师？我也能在某些方面做出成绩吗？”王小丽难以置信地问。

“当然可以。”老师连连点头，“你很有艺术细胞，每次学校的文艺节目能缺了你？而且你的动手能力也不错，还很擅长画画，这些都是你的优点，并不一定要学习成绩好才能成为优秀的人。如果你愿意在其他方面努力一把，老师相信，你肯定也能成为不亚于男孩的优秀人才。”

听了老师的话后，王小丽下定决心，一定要找到专属于她的优秀之处，将来获得成功。

☆☆☆

虽然说像故事中王小丽父母这样的人现在越来越少，但并不代表完全没有。一般情况下，这类人都比较重男轻女，他们看重男孩的身份，被古老的封建思想所禁锢，给女孩的身心带来了诸多的打击和伤害。

遇到这样的长辈，女孩要用自己的表现来证明自己的能力和水平，告诉看不起女孩的那些人——谁说女子不如男！女孩一样可以顶天立地，撑起一片天。

当然，现在有这样思想的长辈已经越来越少了，不管男孩女孩，父母都一样看重，一样认可和喜爱，女孩需要做的只是用实力证明自己的强大。

另外，女孩也不要太在意身份、性别这些外在的事物，优秀和强大靠的是实力，是努力和汗水，并不是这些虚伪的表面。女孩要把时间多用在提升自己上面，越是遇到挫折就越不能低头认输，要有敢拼敢斗的精神，把自己最好的一面表现出来。

笑对流言，走自己的路

人是群体动物，聚集的人多了，所听到的言论也就多了。曾经有一个笑话说的是一个宿舍里住着四个人，却建了五个微信群。听着可笑，细想却令人心寒。什么时候人和人之间的信任和相处这么如履薄冰了？

其实自古就是这样，只是有些人就是喜欢八卦，不在背后说点别人的坏话就仿佛活不下去一样。女孩遇到这种人的时候，不要与之斤斤计较，要学会笑着对待这些流言八卦，做最真实的自己。

☆☆☆

许晓雅走进教室，看见第一排有几个女生正埋着头叽叽喳喳的，她觉得好奇，就凑了过去。

只听她们说道："许晓雅像个疯丫头似的，天天和男生打打闹闹，一点都不注意自己的形象。"

"而且还总是装模作样的，以为自己有多漂亮，其实长得挺一般的。"

"就是，我最看不惯她这一点了。"

"还有，她天天吵着要当班长，她也不看看自己是不是当班长的料，太没有自知之明了。"

"就是，只不过是学习成绩好一点，有什么好嘚瑟的，我真的是看不惯她那副张狂的样子。"

几个女生你一句我一句的，说得许晓雅既生气又羞愧。她开始反思自己的行为，是不是真的像同学们所说的那样，平时太张狂傲慢了。但想来想去，她都觉得自己只是表现欲有点强，自信地把自己出色的一面表现了出来，并没有同学们所议论的那样过分。

但她还是很伤心。接下来的几天里，许晓雅的心情一直很不好，上课听讲时无法集中注意力，班里的活动也不积极参加了，而且再也不敢和男生来往了，害怕又被大家议论。

之后没过多久，竟然传出了很多不利于她的流言，不仅说她不懂礼貌，还自负自傲，目无师长……

"我真的没有自负、目无师长啊。"许晓雅向最好的朋友小茵哭诉。

小茵气愤地说道："你别把这些流言当真，都是那些嫉妒你优秀的人在诋毁你，你如果为此伤心，就正中她们下怀了。”

许晓雅还是很不开心。

小茵又说：“走自己的路，让别人说去吧。你又没做错事，只是爱学好学，有什么错！”

许晓雅想想正是这个道理，心情瞬间好了很多。

后来，又有一天，有两名同学背后说她坏话的时候被她听到了，她大声咳嗽了一下，笑着说道：“你们在说什么呢？这么小声，我都听不清了。”

两个女生被吓了一大跳，赶紧结束刚才的话题，其中一个女孩勉强笑着说：“我们瞎聊呢，你怎么也不提前打个招呼，吓了我们一跳。”

许晓雅笑了笑，没有说话，一个人回到座位上。

☆☆☆

流言蜚语最伤人。这句话一点不假。

如果与自己不相关，流言可能会被当成一句玩笑话，一带而过。但如果流言的主人公是自己，女孩还能置之不理，毫无波动吗？

恐怕我们都会像故事中的许晓雅一样，伤心难过，甚至哭泣怒骂起来。但如果女孩真这样做了，说你坏话的人不仅不会认识到自己的错误，还会洋洋得意，认为战胜了你。所以，女孩在面对流言时，千万不要方寸大乱，要在最短的时间内，让自己的心情恢复平静，理性地对待这件事情。

首先，女孩要学会反省自己。看自己平时的行为举止是不是真的欠缺教养，很没有礼貌。如果有就赶紧改，并且向受到伤害的同学表达自己的歉意，请求他们的原谅。如果没有，女孩也不要放松警惕，要继续严格要求自己，做最好的自己。

其次，女孩在对待外界对自己的不公评价时，不要过于在意。有句话叫“走自己的路，让别人说去吧”。总有一天，女孩能用实际行动来证明自己的出色。既然如此，何必还要像小丑一样，在人前争辩不休，影响自己的形象和心情呢？不如一笑而过，做个潇洒的强者。

不让一次失败击垮自己

俗话说：“失败乃成功之母。”每个人的一生都会经历许多次失败，才会有所进益。每一个前进的脚步也都是由一次次的失败来垫底的。所以，女孩不要把失败看得过于重要，尤其是在学习的过程中，一两次的失败和考试失利并不能代表什么，只能说明你这个阶段没有学好，只要查漏补缺，找出自己的不足及时改正，总会有好成绩在前面等着你。

但有些女孩却转不过这个弯，只经历了一两次的失败，就开始否定自己，把自己想得一无是处，把自己的生活和学习搞得一团糟。

☆☆☆

赵雪娜是个很悲观的女孩，不论遇到什么事都会往不好的方面想，经常因为一点过失而埋怨自己、否定自己，认为自己什么事都干不好。

有一次，老师突然进行了一场课堂测验，考完后她就一直魂不守舍的，总觉得自己考砸了，心情很郁闷，吃不下饭、睡不好觉，就怕试卷发下来。

“怎么啦，干吗愁眉苦脸的？”同桌小京问她。

“我这次肯定考砸了，考前我都没有好好地复习功课，有好几道大题的答案都是胡乱写的，万一被老师批评，该怎么办啊？”赵雪娜说着说着眼圈就红了。

同桌拍拍她的肩膀，笑着说：“你的成绩不是一向挺好的吗？这次也肯定没问题的，再说了，就算出现了一次失误也不是什么大问题，以后加倍用功不就行了？胜败乃兵家常事，你别太在意这些小细节嘛。”

“你不懂的，我，我不能失败，一次都不行。如果失误了，我，我真没用。”赵雪娜说着说着就掉下了眼泪，继而趴在桌子上大哭起来。

同桌觉得她实在是太夸张了，不知道该怎么继续安慰她，只好转过身不再理她。

后来，考试卷子发下来，虽然成绩不是很理想，但还算是赵雪娜能接受的分数，因此她的心情总算是好了一点。

后来，又有一次，老师安排了一个手工作业，赵雪娜一直不太喜欢动手，这方面的水平很差，因此作业做的一塌糊涂。

被老师批评后，她又呜呜地哭了起来，认为自己做什么都做不好，人生简直太失败了，不管谁来劝解她，她都不接受，就认为自己是个没用的人，再怎么努力也一事无成。

☆☆☆

故事中的赵雪娜对生活总是很悲观，不管是面对学习还是其他事情，只要有失误出现，就怀疑自己的能力，进而对生活、对自己开始失望，觉得自己什么也做不好。

虽然故事可能有些极端，但现实生活中确实有一些女孩在经历了一两次失败后就颓废起来，自暴自弃了。女孩要正确看待生活和学习中的失败，爱迪生发明电灯时失败了上千次，才终于获得了成功。细翻历史长河中的名人伟事，没有谁的成功不是伴随着失败而得来的，都是有败有成，越挫越勇才成就了一代代伟人名士。

因此，女孩要以积极的心态来面对生活和学习中的挫折、失败，不要因为一两次的失利而击垮自己，要对自己多一点信心，看到自己的优点和优势，这样才能披荆斩棘，不怕艰难困苦，一路勇往直前，提升自己、获得成功。

第九章

不可忽视的团队力量

——懂合作的女孩学习更高效

虽说学习是自己的事情，但也不能“单打独斗”，有时候需要和别人合作，学习才更有效率，才能做出更好的成绩。但是很多女孩往往忽略了这一点，在学习的时候习惯“一心只读圣贤书”的模式，无法和别人配合，也不懂得合作精神，经常使自己陷入被动之中。

“两耳不闻窗外事”已经过时了！

有句名言叫“两耳不闻窗外事，一心只读圣贤书”。这句话在很多时候都会被读书人当作至理名言，用以提醒自己要时刻警醒，好好学习。这本是一句好话，但有时候却会被人错误理解，当成孤立自己和他人的理由。

爱学习、会读书本是好事，但学习之余，女孩也不应忽略团队的力量，但就是有一些女孩因为种种原因，或把学习当成借口，或真的一心只想读书，不想多与人打交道，更别说与人合作了。这样的结果，只能让女孩变得孤僻，难以融入集体生活中。

☆☆☆

冯静云是个十分爱学习的女生，不过除了读书学习，她对其他事情都不感兴趣。她经常把“两耳不闻窗外事，一心只读圣贤书”这句话挂在嘴边，如果有其他人来请她帮忙，她更是会把这句话拿出来当“挡箭牌”。

其实，并不是冯静云真的想当个“读书圣贤”，而是她觉得自己总是没办法融入别人的话题，无法愉快地和别人交谈来往。别人说的“时髦”话题，她全都听不懂，幸而她书读得不错，所以她只好用这个理由来拒绝和他人有太多的沟通和交流。

别人羡慕她会读书，学习好。但只有她自己明白这种感觉有多难受。明明也想交朋友，也想畅所欲言，却只能摆出一副清高的模样，拒绝所有人。

有一次，市里有一个辩论大赛，以学校为单位报名参加。因为冯静云的学习成绩优异，所以也被选入了辩论小组。

冯静云很高兴，这可是正大光明和其他人接触的好机会，是展现她才华的好时机啊。

因此，冯静云虽然表面还是无动于衷，但心里早乐开了花。

很快就到了辩论大赛的初选阶段，本来应该很容易通过的，却发生了一点小意外。

在初赛阶段因为参赛人员太多，所以要先进行一场笔试，而笔试的内容五花八门，除了课本的知识，还有许多生活常识和实践真知之类的题目。

而且，这场大赛似乎很重视实践这方面，所以有一半以上的题目是这一类的，结果可想而知，只知道读“圣贤书”的冯静云答得很不理想，虽然其他同学答得还不错，但因为整个队伍的平均分被她拉下来了，所以还是在初赛时就被刷了下来。

☆☆☆

读书是一件神圣的事，但也不是除了读书而不再关注其他事情。

女孩要知道，学习是多种多样的，有很多途径，也有很多方式和方法。不是说只有研究透课本就算是学习好了，也不是自己有好成绩就算是一个出色的人了。天下的书是读不完的，在读书学习之余，女孩也要学会和他人合作，创造出集体的好成绩，才能真正成为有用之才。

☆☆☆

齐梅在同学和老师的眼中，是一个爱学习的好学生，但她没有太多的集体观念，经常只顾着自己学习，过于以自我为中心，对身边的人和事都不太关注，也不想了解。

这让同学们都不太敢接触她，也不敢主动和她说话。

有一次，班里来了个转校生，学习成绩虽然也不错，但是太过活泼，老师想着齐梅的性子太闷，就决定把转校生安排在齐梅的旁边，做她的同桌。

但是齐梅却不领情，她觉得转校生太闹了。

于是，她找到了老师，说："老师，我要求调换座位。"

"为什么呢？"老师不解地问。

"新同桌太爱闹，影响我的学习。"齐梅回答道。

老师没想到是因为这个原因，有些担心她太不合群。

老师说："新同学只是比较活泼开朗，虽然爱学习是件好事，但是也要适当地结交朋友，你可以试着和她做朋友啊。"

其实老师实在是担心齐梅学"傻"了，影响她以后的社交能力。

但是齐梅却仍是坚持要调换座位，老师没办法，只好答应了下来。

后来，齐梅的确表现得"两耳不闻窗外事，一心只读圣贤书"，直到毕业，也没有结交一两个好友，青春年少的风采她一点也没体验到。

☆☆☆

有不少女孩就像故事中的齐梅一样，为了追求高效的学习而拒绝合理的社交，不仅让自己学"傻"了，还失去了结交朋友的机会，体会不到集体的乐趣。

据了解，即使是成人之间，最真挚的友情和常来往的友人，也是年少时结交的那些朋友。而与人交往和谐的人，读书时的效率反而更高，成人后更出色和出众。

这是因为“两耳不闻窗外事”的思想，在现在社会来讲，已经过时了。只知道自己读书学习的女孩性格常常表现得十分自我，这很不利于女孩的日常社交。而我们人类身为群居动物，不管什么时候，都离不开集体生活，所以，做人过于自我的女孩，在人生的道路上就会遇到很多的困境，因为平时“事不关己，高高挂起”的姿态，也没办法获得他人的帮助，最后只能导致失败。

所以，女孩在学习之余，也要培养自己的集体观念，不能只顾着学习，而忽略了和同学及他人的交往。与“两耳不闻窗外事，一心只读圣贤书”相反的有这样一副对联：风声雨声读书声，声声入耳；家事国事天下事，事事关心。什么意思呢？就是说，人不仅要会读书会学习，还要适时地了解一些学习之外的事情，多走入集体的生活中，这样才能适应多元化的现代生活。

合作不是将自己的问题丢给别人

合作是人与人之间、群体与群体之间为了达成某一个共同的目标、任务，而相互配合的行为，是有利且有益的行动。

女孩在成长的过程中，也少不了要和人合作。比如，与同学一起完成某项实验、与朋友一起做某件事情、与队友一起参加某项比赛等。这些事情都需要和别人合作才能完成，都需要女孩学会与人配合才行。但是，很多时候，女孩却误解了合作的真正意义，经常嘴上说着与人合作，却在遇到问题后，把所有难题都扔给同伴去解决，而自己却坐享其成。

☆☆☆

还在实习期的小李接到了公司的一项任务，和同事小文一起合作，和一家大客户进行商谈，顺利把合约拿到手。

小李很重视这个任务，因为这意味着他是否能顺利转正。因此，她很积极地进行这项工作，争取把任务顺利完成。

这一天，她和小文一起来到了大客户公司的门口，但大客户却始终不肯见她们。她们几次前来，都遭到了阻碍。不是大客户在开会，就是出外办事，没有一次能够顺利地见到大客户。

“哎，这样下去怎么能行呢？我们该怎么办呢？”小李苦恼地问小文。

小文也不知道怎么办，但她觉得她和小李是合作同伴，应该一起想办法。

“我们再好好研究一下现有的资料，看看能不能从资料中找到有用的信息。”小文说。

客户的资料一直是小李在保管，小文负责的是见到客户后的介绍事宜。

但是小李觉得资料已经看了百八十回了，早就翻烂的东西，还需要怎么仔细地去看。

所以，她很不屑地把资料扔给了小文，对她说：“这里面的资料能有什么有价值的东西，要看你看吧，反正我们是合作伙伴，谁看都一样，我先去那边歇一会儿。每天来这里等着见人，真是太辛苦了。”

对于小李的态度，小文也不计较，而是接过资料认真地看了起来。

后来，小文在资料中一个很不起眼的地方发现了一行小字，写了大客户一个很特殊但很有规律的行踪。小文十分高兴，就和小李商议，两个人轮流行动，一个人蹲守在公司，一个人去资料上的地方蹲守。

小李十分不乐意。

她说："在公司都堵不到人，在其他地方能找到？我才不信呢，算了，我放弃了，天底下又不是只有这一家公司有发展前途。"

说完，她转身就走了，把所有的问题都留给了小文。

小文虽然也很难过，但她并不觉得公司把这么大的一个客户交给两个实习生有什么问题，而是觉得公司重视她，所以很想做好这件事。

因此，在小李离开之后，她仍旧坚守着，每天来大客户公司"报道"，偶尔去资料上写的地址"堵人"。

终于，皇天不负苦心人，在一个周末的午后，小文终于见到了大客户。

大客户被她的诚意和努力所感动，当场就请她到办公室商谈，并顺利签署了合作协议。

就这样，小文顺利地完成了公司交给她的任务，小李在得到消息后，赶紧跑过来，说："小文，你可真棒，不过咱们是合作伙伴，这任务可算是咱们一起完成的。"

小文不想害得小李过不了实习期，就没说什么，但最后小李还是没顺利转正。公司领导对小李说："合作不是把自己的问题甩给别人。"

原来，公司领导什么都知道，小李灰溜溜地离开了公司。

☆☆☆

在成长的过程中，女孩们遇到的需要合作的机会虽然并不像故事中的小李和小文这样正式，但却是同等重要的。对于女孩来说，合作并不是单一的一项任务或是做好一件事，而是对自己的肯定，是自我的一种锻炼，需要女孩认真地对待每一件和他人合作的事情。

但是，任何一件事的操作都可能会遇到困难和问题，在遇到难题的时候，女孩应该怎么处理好这些困难，而不是把问题丢给合作伙伴呢?

第一，女孩在跟人合作前，需要分配好各自的主要工作和负责项目。

提前把工作任务分配好，能有效地解决进行中的纠纷，避免出现不知道要做什么的窘况。而且，提前把任务分配好，也能在出现问题时及时找到“负责人”，纠正错误。

第二，女孩要以认真负责的态度来完成自己手中的任务。

不管是独立完成某项事情，还是与他人合作做事，女孩都要以认真负责的态度来对待自己手中的事情，不能懈怠，尤其是在与人合作的时候，不能因为有同伴的帮助，而对自己手中的工作不上心。

第三，当遇到难题时，可以寻求同伴的帮助，但不能甩手不干。

与人合作中，如果女孩遇到了解决不了的问题，可以寻求他人的帮助，但不能完全依靠同伴的力量去完成任务。女孩要始终坚持“自己的事情自己做”，即使是在合作中，也要把自己分内的那一份事情努力做好。让别人帮忙不可耻，可耻的是当甩手掌柜，事事都要别人来替自己做。

合作，从帮助别人开始

女孩要从小学会与人合作，学习和他人共同完成某项事情。但是，有不少的女孩会有这样的疑惑，觉得生活、学习中并没有那么多和人合作的机会，因此她们不知道该怎么培养自己的合作精神。

这其实还是女孩没有正确理解合作的含义。学会合作其实很简单，有时候，只是女孩帮助他人的一个行为，就是合作的开始了。

☆☆☆

小英刚升入初中要进行为期一星期的军训活动。

第一天，教官讲解了这一星期将要进行的具体训练，让同学们都做好吃苦的心理准备。

教官说："虽然咱们军训的时间短，但是该进行的项目一项也不会少，在最后一天，还会进行拉练训练，到时候，同学们还会有一个负重训练，大家一定要做好准备，现在分组，一周后按组进行评分。"

"这么严格啊？"

"我想请假……"

"为什么还要分组啊？我体能好，跟我一组的可别拖累我。"

同学们七嘴八舌地讨论了起来，然后就被教官狠狠地批评了。

小英从小就喜欢体育运动，所以没觉得这次军训有多辛苦，倒是和刚才那位同学的想法一样，别来个拖累她的小组成员就好。

很快，教官就分好了组，小英和一个微胖的女孩一个组，一看到这个胖女孩，小英就绝望了，她们的成绩肯定要排到倒数了。

“我不擅长运动，希望你多担待。”胖女孩叫小金，笑起来十分可爱，但再可爱，也无法让小英高兴起来。

“你别拖我后腿。”她不高兴地说道。

七天训练就在同学们的叫苦连天中过去了，很快就到了最后一天的拉练训练，整个训练要维持几乎一整天，从早上八点半一直到下午四点才能结束。

训练刚开始一个小时，很多同学就坚持不下来了，小金也气喘吁吁，走一步停一步。

很多小组成员互相帮助，总算是坚持到了最后，但小英总觉得自己是受小金拖累的，从没想过去伸手帮她一把，因此两个人成了最后一名。

拉练结束后，教官训话，对一些同学提出了批评，说她们不懂得帮助别人，一点合作精神都没有，这其中当然包括小英这一组。

小英很不服气，也很不解：怎么不帮助别人就是不懂得合作了？这两者之间哪有关系？！

☆☆☆

不仅故事中的小英对于“帮助别人就是合作的开始”很不理解，现实生活中，很多女孩也不理解这个道理。

为什么说帮助别人是合作的开始呢？这是因为，在帮助别人的过程中，有时候也是在帮助自己，能使女孩更快速、更顺利地完成想要做的事情。不知道女孩有没有过这样的经历：在不经意帮助了别人后，回头一想，却发现这个行为不仅没有耽误自己的时间，还有可能帮助自己节省了时间，使事情能更顺利地完成。

☆☆☆

姜颜在一本书上看到一句这样的话：帮助别人是合作的前提，帮助别人亦是帮助自己。

后半句话她能理解，前一段话她就不太理解了。为什么说帮助别人才是合作的前提呢？是显得更有礼貌，更彰显人品？还是有其他的含义呢？

她没办法理解其中深意，就向妈妈请教。

妈妈笑道："我给你讲一个故事吧。"

"好啊。"姜颜更困惑了，难道是妈妈也不知道答案，所以用故事来化解尴尬？

不过，她还是听话地坐好，听妈妈讲起了故事。

妈妈的故事很好理解。

从前，有个善人去世了，天使前来接她，对她说："你选择去天堂，还是去地狱？"

善人有点犹豫，她请求参观一下天堂和地狱。

"不能让你亲自参观，但我可以让你看到里面的景象。"天使说着，一挥手，就出现了两块水幕。

一边是地狱的景象，一边是天堂的景象。

出乎意料的是，两边的景象没什么差别，一样鸟语花香、景色迷人。

"这不是一样吗？"善人不解地问。

"别着急，我们继续看。"天使话音刚落，水幕的景象发生了变化，是吃饭的景象。

地狱的人都十分瘦弱，一到饭桌上就开始争抢着用筷子夹食物，但是筷子很长，他们根本没办法把食物放到自己的嘴里。

而天堂此时却是另一番景象，一样的长筷子，却是两两合作，把筷子送到对方的嘴里，这样每个人都能享受到美食了。

“你明白了吗，颜颜？”故事到这里就结束了，妈妈笑着对姜颜说：“在很多时候，帮助别人，就是合作的开始啊。”

“我懂了，谢谢妈妈。”姜颜终于明白了。

☆☆☆

看了上面的故事，就不难理解“帮助别人是合作的开始”这句话了吧。所以，女孩不仅要从小培养自己的合作精神，还要养成随手帮助别人的好习惯。有时候，女孩不经意的一个善举，可能就会为女孩带来意想不到的益处。

那么，怎么培养女孩帮助他人的好习惯呢？

第一，女孩要培养自己的爱心，做一个有爱心的人。

如何培养自己的爱心呢？女孩可以从爱父母做起。父母是我们身边最亲密的人，陪伴女孩长大成人费尽了心，用尽了神。所以，对于父母，女孩要学会爱他们，理解他们，有时间就多陪陪他们，说两句知心话、帮父母捏捏背，他们会非常高兴的。

第二，女孩要在日常生活中多关心他人，时常为他人着想。

在日常生活中，女孩除了父母，还要学会关心其他人，要增加自己的涵养，与人交往时学会换位思考，多体谅别人，这样才能与人相处融洽，对人富有爱心。当女孩培养出足够的耐心和爱心后，自然而然地就会在与人相处中懂得帮助他人的道理，也会很自然地学会与人共同做事，懂得合作的重要性。

优势互补，才能1+1>2

每个人都有自己的优势和劣势，但是很多女孩在与人合作的过程中，总想着体现自己的个人价值，而忽略了集体中他人的优缺点，先不管不顾地埋头苦干一场，结果到头来可能自己的付出并不能和收获等价。这时候，女孩可能就会埋怨集体中的其他人，觉得是别人拖累了自己。还有些女孩，明明知道自己不擅长某个领域的事情，却不接受别人的帮助，不愿意和他人合作，最后导致任务无法完成。

虽然说，对于年龄较小的女孩来说，这时候我们的任务并不是什么会影响未来成功的大事件，但从小事可以看出大事，女孩如果在小事上都不能明白优势互补的道理，那么将来遇到大事件时，也一样会遇到很多的麻烦。

☆☆☆

赵兰香是个很自负的女孩子，她从不觉得自己需要别人的帮助，也不觉得团体合作能带来更多的好处，她只觉得麻烦，做得再多，也不如把书读好，搞好学习来得实在。

有一次，老师留了一个实验作业，让同学们利用理论知识做出一个实验道具，不仅要做出来，还要能顺利用于实验当中。

赵兰香有些苦恼，理论知识她没问题，但她不擅长动手。

她的同桌小曼也很苦恼，她理论知识有点欠缺，但做手工是她的最爱。

“这可怎么办呢？”小曼低喃道。

突然，她看到了赵兰香，眼前一亮，问赵兰香：“咱们合作怎么样？”

“我这么聪明，用得着和人合作？”赵兰香此时自负的毛病又犯了，她不会承认自己在某一方面技不如人，她是如此的优秀，怎么能有不如人的地方呢！

小曼见她是这个态度，心里很不舒服，想了想，她决定还是和自己最好的朋友一起共同完成这项实验作业。虽然好朋友不如赵兰香聪明，但她相信她们两个合作，肯定能把作业顺利完成的。

几天后，到了交作业的时间，小曼和好朋友顺利地把作业交了上去，虽然数据上有一些偏差，但思路是正确的，道具也做得很像模像样，获得了老师的夸奖。

而赵兰香却只交上去一份“完美”的理论数据，却没有把实物做出来，老师看着她的“作业”狠狠地批评了她。

☆☆☆

故事中的赵兰香明明知道自己不擅长动手，当擅长动手的同桌抛出橄榄枝，想要跟她合作时，她却自负地认为以自己的聪明才智并不需要和别人合作。结果同桌另找了合作伙伴，顺利地完成了老师安排的作业，但赵兰香却收获了一份“批评”。

为什么会这样呢？

这是因为人无完人，再看似聪明完美的人也有她的缺点存在。我们不能只看到自己的优点，而否认自己身上有不如人的地方，要用正确的眼光来看待自己和他人身上的优缺点，当有自己不擅长的地方时，一定要找这方面的“专家”来帮助自己，哪怕这方面的“专家”在女孩看来，只是一个不学无术的“学渣”，但不可否认，每个人的身上都会有自己的闪光点。

☆☆☆

节假日的时候，馨馨跟着父母去一个景点玩。在这个景点，最出名的就是一座大寺庙，父母一早就带着馨馨来寺庙参观。

刚一进庙门，馨馨就看到一座满脸慈祥笑容的大佛。

妈妈告诉她：“这是弥陀佛。”

然后她们往北面走，馨馨又看到一座和弥陀佛感觉完全相反的大佛。

“妈妈，这个黑脸的是什么佛？”

“这是韦陀。”妈妈笑着回答道。

“看着可真吓人。”馨馨拍着胸口小声说道。

妈妈对她说：“相传，一开始弥陀佛和韦陀并不在一座庙里，而是分管不同的庙宇。”

“那为什么现在他们在一座庙里呢？”馨馨马上问道。

“这是因为，弥陀佛爱笑，所以很受人们的喜欢，大家都喜欢来他的庙里。但他做事不太认真，总喜欢丢三落四，没办法管理好自己的庙宇；而韦陀因为太过严肃，整天板着脸，就没有人愿意来他的庙里，但他管账是一把好手。当佛祖了解到这些事后，就把他们安排到了一个庙里，弥陀佛笑脸迎客，韦陀管理账目，果然庙里的香火就越来越好了。”

“佛祖真聪明。”馨馨夸奖道。

妈妈点头说道：“对啊，这叫优势互补，以后你和别人合作的时候，也要向佛祖学习，看到自己和他人的优缺点，发挥你们各自最大的优势。”

馨馨听了，连连点头。

☆☆☆

女孩要学会在与人合作的过程中发现别人的优缺点，并达成互补，这样才能在最短的时间里完成合作任务，也能使个人价值最大化体现，真正做到1+1>2。女孩要在合作的时候看到优势互补的重要性，不要只懂埋头苦干，最后结果却不达人意。

那么，女孩在合作的时候，如何做到优势互补呢？

第一，女孩要正确认识自己。

女孩要清楚地懂得自己的优点和缺点，在与人合作的时候，尽量不要选择自己不擅长的那一部分工作。在合作之前，要和合作伙伴进行充分的沟通，把自己的优劣势告诉对方，然后再根据沟通的结果，进行任务安排。

第二，女孩要认可他人的付出和努力。

在合作的过程中，即使是有不如意的地方，女孩也不要过于苛刻，要认可他人的付出和努力，发现对方的闪光点和不足之处，进行友好地协商，及时根据情况的变化更改合作方案。不能因为对方出现错误，而完全否定他人的努力，一味地埋怨对方，要在遇到问题时先想方法解决，再来探讨责任人的问题。

另外，女孩要知道“既是合作，也是互补”的道理，把自己和合作伙伴的优缺点都了解清楚，合理分配任务。这样才能既达成合作的目的，又顺利地把任务完成。

从团队合作中培养自己的领导能力

团体生活是一个很锻炼人的地方，如果女孩有机会应该多参与一些团体活动，不仅能学会与人合作，还能在合作中提升自己的能力，甚至培养出自己的领导能力。

从古至今，不难看出，许多的成功者都具有较强的领导能力，成为一个团体的领头羊，带领大家走向成功。

但是说起来，可能只是寥寥数语，但做起来却是十分困难的。尤其是对于女孩来说，如何培养自己的领导能力可能完全没有头绪，甚至还有些女孩对此并不关心，认为女孩子并不需要太强的领导能力。这其实是错误的认知。

☆☆☆

妍妍所在的班级要进行一次才艺比赛，老师把班里的人分成五个人一组，让小组成员自行选出组长，之后的汇报工作和小组才艺项目，都由组长负责。

妍妍是个从小就喜欢蹦蹦跳跳的女孩，所以对舞蹈之类的比较擅长，她所在的小组成员知道这一点后，就提议让妍妍来当组长，编排一段舞蹈来作为她们的才艺表演。

但是妍妍却担心自己的能力不够，害怕自己做不好组长。

“还是从你们当中选一个人当组长吧，我只负责跳舞就好了。”她小声拒绝道。

其中一个女孩说：“但是我们谁也不懂跳舞啊，没有你编舞和指导，我们做组长也发挥不了用处啊。”

其他女孩也点头附和，依旧劝妍妍当组长来领导她们，但妍妍却说："我只会自己瞎跳，根本不知道团体舞该怎么编排和怎么合作，我不行的。"

就这样，她们这个小组迟迟无法拿出明确的才艺项目，老师连催了几遍，其中一个女孩才勉强当了组长，随便报了个书法才艺应付了过去。

☆☆☆

其实，女孩比男孩更应该有意识地培养自己的领导能力。而在团体合作中，是最容易进行领导能力培养和锻炼的。当三五个人甚至更多的人聚集在一起时，因为这个团体刚刚形成，团体意识还比较薄弱，如果女孩能在这个新团体中有突出表现，令人信服，自然就会起到领导作用。这是对女孩能力的考验，也是对女孩领导能力的培养和锻炼。

☆☆☆

眼瞅着时间一天天过去，妍妍她们小组却高兴不起来，因为她们之前基本没接触过书法，"临时抱佛脚"的感觉一点也不好。

每天放学后，她们就聚在一起练习写字，可是因为时间有限，她们根本没有什么进步。女孩青青暂时是组长，她说："我的设想是，咱们可以在才艺比赛当天，当场写出漂亮的字，最好能再做几个飘逸的动作，这样就完美了。"

听她说完，另外几个女孩就苦恼起来，现在把字写漂亮都是一件困难的事情，怎么能在漂亮的基础上再做出优美的动作呢？

几个女孩边想，边把目光移到了妍妍身上。

"如果我们现在换成舞蹈才艺，时间上也还来得及。"青青对妍妍说。

“但我没做过，我怕做不好，万一搞砸了咱们小组的比赛……”妍妍苦恼道。

“咱们现在的书法才艺肯定输，如果换成舞蹈，起码有你带领我们一起跳啊，我们跳不好，有你带头呢，就算取不得好成绩，也不会垫底啊。”一个女孩说。

另一个女孩也点头希望把才艺项目换成跳舞，因为写字太难了。

“谁也不是一出生就会当领导的，能力都是慢慢培养起来的，现在正好有机会，你为什么不试一试呢？”青青继续劝道。

见大家都这么支持她，妍妍只好答应了下来，她心想：就像同学们说的，这是一次锻炼自己能力的机会，就算再差，也不会垫底啊。

☆☆☆

领导者是什么样的？应该具备什么样的能力呢？如果女孩们多了解一些成功人士的故事就不难发现，领导者不是在出现问题时只知道埋怨和责骂，而是不动声色地引导大家，调动起团队中的每个人，让大家共同努力，共同进步。而每一个团体活动都有可能是锻炼领导能力的好机会，女孩不要因为不自信就放过这样的机会，要相信自己一定能成为一个好的领导者，一定能在团体中拥有出色的表现。

对于女孩来说，在团队中应该怎样合作，又怎样培养自己的领导能力呢？

第一，女孩要想成为一个成功者，一个领导者，首先要做的就是公平公正，这样才能杜绝不好的习气，让每个人都获得公平的机会。只有这样，才能获得团队成员的信服，让大家认可你的意见和领导方针。

第二，在团队中，既需要合作，也需要良性竞争。如果女孩想要培养自己的领导能力，就要学会激励士气，调动团队成员的积极性和上进心，使自己的团队成长得更加出色。有了成效，团队成员自然会看在眼里，对女孩的能力自然也会更加认可，从而承认女孩的领导地位。

第十章

实践出真知

——女孩要会读书，也要能动手

我们学习的目的是什么呢？是为了让自己生活得更好？还是为了让自己成长得更出色？还是为了扬名耀祖？没有一个精确的答案，只要是心中所想所求，都可以成为准确的答案。但是女孩也不能为了学习而死读书，学习之余还要提高自己的动手能力，手脑结合，才能在实践中得到真理，才能达到学习的最终目的，成就自己的璀璨人生。

纸上得来终觉浅，绝知此事要躬行

如今，越来越多的女孩已经开始重视阅读了。俗话说：书中自有颜如玉，书中自有黄金屋。我们相信，书籍能给我们带来许多有益的知识，能让我们学会很多知识。但书中说得再多，我们理解起来也只能是表面上很浅显的那层意思，不能百分百地体会到书中的所言所语。

这时候该怎么办呢？女孩们一定还知道一句话：读万卷书，不如行万里路。书中所说到底是真是假，是深是浅，书中说得再详细也无法深刻体会，还不如亲自去体验一番来得真切。

☆☆☆

小蔓很喜欢阅读，也很向往书中所描绘的一草一木和精彩生活。

“如果我也能欣赏到麦田的美景该多好。”小蔓陶醉地对好朋友乐乐说：“书上说，到了收获的季节，麦浪一浪接着一浪，就像是黄金一样，富有光彩。”

“书上只是描写得美好，真到了麦田，估计你哭着求着要回来呢。”乐乐的爷爷奶奶是乡下人，她可见识过收麦的场景，虽然麦子收获的时候确实是金黄一片，但也伴随着高温和尘土，麦茬蹭到身上，还会扎得身体又疼又痒，爱干净的小蔓是肯定受不了这些的。

乐乐把这些真实情况告诉小蔓，小蔓却不相信。

她说：“书上写得清清楚楚，那是一幅美景，怎么可能像你说得那么残酷。”

“书上写的很多东西都是经过艺术加工的，现实中到底是什么样的，还得亲身体会一番才能真正了解啊。”乐乐说道。

☆☆☆

书本上的知识有很多，但你如果没有亲身体会一番，永远不会知道书本上写得到底是真是假，是浅是深。比如，书上说，某某山高达多少米、多少百米、多少千米。女孩可能知道一米有多高，有多长，但十米、百米、千米，到底是有多高呢？在书本上可能会有详细的数据记录，但如果不亲自爬一下山，体会一番，那么，我们可能永远都不会真切地体会到山高水远。

所以，很多时候，书本上的内容我们要了解，也要找机会亲自去验证一下书本上的内容，让自己有更深刻、更直观的评判。

☆☆☆

灵灵从小就想成为一名伟大的女科学家，因此她很努力地学习各种知识，努力让自己变得优秀、出色。

但事与愿违，升入初中后，她总感觉到自己学习越来越吃力，用了各种学习方法都提升不大。她觉得自己已经很拼命地去学了，但汲取的知识却非常少。

到底问题出在了哪里呢？

她去问老师，老师了解了她的学习习惯后，心中便明白是怎么一回事了。

“你从书本上学到的知识，有没有在生活和学习中去验证呢？”老师问道。

“验证？”灵灵不明白这是什么意思。

老师继续说道："从书中学到的知识要经过亲身体会才能印象深刻，才能被灵活运用，而只有把所知所学深深印进了脑子里，才算是真正学会学懂了这些知识啊。所以，当你学到新的知识时，不仅仅是看到了、学会了就算掌握了这门知识，还要通过自身去体会、去验证它，这样才能完全汲取你所学到的知识。"

原来亲自体验过的，才能被自己汲取啊。灵灵终于明白了，读再多的书，如果自己没有亲身经历和体验过，是不会有大的进步的。

☆☆☆

女孩在读书学习时，也要像故事中的灵灵一样，遇到问题要学会思考，要知道问题出在哪里，向身边的人请教，找到让自己提高的正确方式和方法。女孩要知道，学习的智慧需要自己亲自去体会才能品尝到甘甜的果实。唯有亲身体会，才能印象深刻，才能真正把知识"装"进自己的脑子里，让自己拥有智慧和才华。

在日常生活中，女孩虽然要多读书，但也要注意劳逸结合，找机会动动手、迈迈脚，把书本上的知识验证一下，这样才能学以致用，才是真正的会读书。

书本上得来的知识固然重要，女孩也不要忽略亲身体会的事物，而且，很多时候亲身体会过的事物远比书本上看到的要深刻，女孩一定不要错过增长知识的大好机会，也不要小看了自己的人生经历，毕竟，书上的经验知识，也是前人通过自己的体会和经历得来的。

动手后才知书上也有错误

我们学习知识，获取智慧大部分都是从书本上得来，所以很多女孩对于书本上的内容深信不疑，一言一行都恨不得完全按照书上的步骤来做。但女孩想过没有，书上的内容也可能存在错误或者是和现实不符的时候。

随着时代的发展，社会的进步，很多时代久远的书籍上所记载的内容可能已经发生了变化，在被我们读到的时候，就不能全信它，要根据真实情况进行自己的分析和判断，亲自动手操作一番，辨证真伪，这样才能获得真正有用的知识。

☆☆☆

小丽和秀秀是一对好朋友，她们都是初中一年级的学生，在同一个班，又住在同一栋楼里，所以两个人不仅经常结伴上下学，生活中也常结伴一起活动。

有一天，小丽发现了一本很不错的习题集，就买了两本，一本自己用，一本送给了秀秀。

“谢谢你，我最近正想买呢。”秀秀高兴地说道。

小丽见到朋友很高兴，她也十分欢喜，便约好了晚上的时候一起做习题。

吃过晚饭，两个人就约在了秀秀家，开始做习题，刚开始的内容对两个人来说都很简单，一做完，两个人就核对起了答案。

前面的习题都一致，当对到最后一道大题的时候，两个人出现了分歧。

“我是看习题后面的提示解答的，肯定不会出错。”小丽说。

原来，习题册的后面对每道题都给出了一些提示，降低解题难度。

秀秀虽然没有看提示，但是她之前解答过类似的题目，她记得很清楚，她还专门请教了老师，老师耐心地给她做了讲解，所以她相信自己也不会答错。

于是，两个人就开始从头检查，看看到底是哪里出错了。

结果，竟然是习题册给出的提示用错了一个公式。

小丽感慨道：“原来书里也会出现错误啊。”

☆☆☆

女孩要知道，有时候书上写的并不完全是正确的，因为一些原因，书上也会出现各种各样的错误，我们要根据实际情况对事物有自己的判断，不能尽信书。

俗话说：“尽信书，不如无书。”当我们真正动手操作起来的时候就会发现，书上所言也并非百分百正确。因此，当书中的内容和我们自己的判断出现了不一样的结果时，不要着急否定自己，要亲自验证一番，看看到底是书上错了，还是自己出现了失误。

☆☆☆

周五放学之前，老师留了一个特殊的作业，让同学们按照发下去的一张图纸说明，做一个实验道具出来。

因为所需要的物品都十分简单，所以同学们也都没有在意，把各种作业装进书包就跑出了教室。

周六的时候，小怡和同学小麦相约一起做作业，把其他作业做完后，两个人才开始着手做实验道具。

小麦拿出图纸和收集的材料，小怡也把自己准备好的东西拿了出来，两个人一边商讨一边安装，很快道具就有了一个雏形。

“我们好像做错了。”小麦突然说道：“这个地方我怎么也装不进去材料，和图纸上的尺寸不一样。”

小怡看了看，果然不一样。

“你等一下，我马上也做到那一步了，我的肯定没有问题，都是用尺子仔细丈量好的。”小怡自信地边说边操作。

可结果却使她愣住了。

“怎么我的也出错了？”她惊讶地说道。

两个人又反反复复做了好几遍，可结果不论怎么做，都是错的。

“这可怎么办？”小怡愁眉苦脸地问。

小麦想了想，说：“其实，只要把这个尺寸改一下，这个道具就做成了，我们要不要改一下尺寸？”

“那是不是说图纸上的数据写错了？”小怡说。

“图纸应该不会有错吧，肯定是咱们哪里做错了，先这样做出来，周一去了问问老师和其他同学，看看咱们错在哪里了。”小麦说。

小怡只好点头答应下来，很快，她们就把“错误”的道具做了出来。

周一到学校一问，全班同学竟然都出现了错误，有些同学也像她们两个一样改了尺寸，有些同学拿着没完成的道具来到了学校。

这是怎么回事呢？

不一会儿，老师来了，她笑着替大家解答了疑问。

原来，图纸就是错的。

“有没有同学始终认为老师给的图纸不会出现错误呢？”老师笑着问。

班上一半的同学都举起了手。

老师继续说道：“这就是我想告诉你们的，即使是老师说的、书上说的，只有自己亲手去做了，才会知道到底是正确的还是错误的。即使是书上写的东西，动手后也可能会发现它是错误的，有时候要相信自己的判断，而不是相信书。”

☆☆☆

故事中的老师为了让同学们明白“实践出真知”的道理，故意把错误的图纸交到了学生手里，让他们按照错误的图纸来做道具，这样当然做不出来合格的道具。结果有一半多的学生始终都没有怀疑图纸的错误，而是觉得自己做错了。

现实生活中，这样的女孩有很多，过于相信老师和书本的话，即便是动手后出现了问题，也会下意识地去找自己的问题，而不会怀疑书本有错。那么，女孩应该如何在实践中得出真知呢？

这就需要女孩要培养自己的自信心，勤动手，勤动脑。女孩要自信一点，遇到问题多动手、多动脑，一遍验证不了，就多验证几遍，一遍不能使女孩确认答案，就多动几次手，多操作几次，这样总能找出正确答案的。

一旦发现自己没有错误，就要把疑点移向书本。对于任何知识，女孩都要学会怀疑，而不要觉得那是至高无上的书籍而不敢去怀疑，没有质疑的自信。另外，女孩还要有自己的主见，对于书上的言论要有自己的理解和判断。

不做“死读书”的书呆子

我们经常会说一个人读书读“傻”了，变成了“书呆子”。那什么是书呆子呢？书呆子一般指只懂读书而不懂得变通，不知道把书上的知识灵活运用的人。

在清钱泳《履园丛话·笑柄·不准》中有这样一段话：“为官者必用读书人，以其有体有用也。然断不可用书呆子，凡人一呆而万事隳矣。”什么意思呢？就是说，当官的必须是读书人，但绝不能让书呆子当官。有些女孩可能就会问了，书呆子不就是读书人吗？虽说都是读书做学问的人，但两者有着本质的区别。

☆☆☆

珍妮是一个性格文静、有些内向的女孩子，她从小就喜欢读书，经常说书才是她最好的朋友。

父母对于她喜欢阅读的事情很是鼓励，但随着年龄的增长，父母却发现，珍妮有点“读书读傻了”的感觉，俨然成了一个书呆子。

珍妮每天除了吃饭睡觉，就只知道抱着书本“啃”，不和同龄的小伙伴一起玩，也不参与户外运动，父母对此十分担忧，怕因为死读书，而让珍妮的体质变差。

另外，虽然珍妮这么喜欢读书，但她的学习成绩却很一般，并不是十分出色。

原来，珍妮读书就是读书，读完之后却很少去思考，更别提举一反三的去思考问题了。虽然读的多，但她想的少，成绩自然提升的也慢。

女孩要爱上读书，但不要读成“书呆子”。要会读书，又会思考。书是死的，人是活的，不要让书本上的内容禁锢了女孩的思想和思维，要边读书边学会问为什么，这样才是把书读“活”了，才能真正地掌握书本上的知识，把他人的经验化成自己的智慧。

当父母了解到珍妮的情况后，觉得不能再任由女儿这样下去了，他们要行动起来，改变女儿死读书、读死书的“书呆子”行为。

因此，父母找到珍妮，和她认真地谈了一次。

妈妈说：“读书是用来学以致用的，会读书并不是只懂得阅读书本中的知识就够了，还要理解书中的内容，并把书中的知识运用到现实生活中，这样才算是真正会读书、会阅读。”

珍妮其实也挺苦恼的，她知道自己读书不灵活，可她不知道怎么来改变自己。

于是她问：“那我该怎么做出改变呢？”

爸爸问她：“你在阅读的过程中遇到过疑问或者是难题吗？”

“当然有。”珍妮回答道。

“那你是怎么解决的？”爸爸又问。

“我……我就放着不管它，没准什么时候就想明白了。”珍妮低声答道。

“那你先从这一点开始做出改变吧。”爸爸笑道：“你勤学的同时，还要学会好问，把心中的问题的问出来，这样才能不断地增长知识，让自己的大脑运作起来，学会思考，才能懂得怎么做才是读好书，才不是死读书。”

听了爸爸的话，珍妮受到了启发，决定按照爸爸的建议来做，希望自己能做出改变。

☆☆☆

伽利略是意大利伟大的物理学家和天文学家，他从小就好奇心非常强，喜欢读书，还特别喜欢问“为什么”。

他读书的时候，并不会一味地信书，而是带着问题去读书。

他经常会产生很多有趣的疑问，比如“为什么蝴蝶会飞可是猫不会飞？为什么两点之间直线最短……”不问个水落石出绝不罢休，常常把父母问得哑口无言。

一天晚上，伽利略看着天空问妈妈：“妈妈，为什么天上有那么多星星？”

妈妈说：“除了我们生活的地球，宇宙中还有很多的行星，它们就是我们眼中的星星。”

伽利略又问：“那白天星星跑到哪儿去了呢？”

妈妈说：“星星一直都在天上，但是白天太阳出来了，太阳比星星亮得多，所以我们就看不到星星了。”

伽利略看了行星的图片后，又问：“行星为什么要绕着圈前进呢？”……

伽利略的问题很多，有时候连父母也回答不上来，就让他去读书，但他觉得死读书并不对，还是坚持不懈地到处问为什么。

有一次，他遇到了数学家利奇，就迫不及待地向利奇请教起来，他还拜利奇为师，学到很多几何方面的知识，还掌握了物理学的一些理论。经过潜心研究，长大后的伽利略发现了物体的惯性定律，还确定了伽利略原理等，为人类科学研究做出了巨大的贡献。

☆☆☆

女孩要爱上读书，但不要读成“书呆子”，要像伽利略一样，既读书，又会思考。书是死的，人是活的，不要让书本上的内容禁锢了女孩的思想和思维，要边读书边学会问为什么，这样才是把书读“活”了，才能真正地掌握书本上的知识，把他人的经验转化成自己的智慧。

首先，女孩在学习的过程中，要明白勤学和好问是相辅相成的道理，不学就不能发现问题，不问就不能增长知识。只有不断提出问题、解决问题，才能够获得越来越多的知识。所以，女孩要养成勤学好问的好习惯。不懂就问，有疑问就提出来，千万不要只懂了个皮毛就开始洋洋得意。

其次，女孩读书之余要多听听他人的意见。一个人的智慧毕竟有限，当读书读不通、产生疑问时，女孩要勤于提问，向身边的人询问意见，汲取他人的经验智慧，来帮助自己打通思路，寻找问题的答案。

最后，不想让自己变成“书呆子”，女孩就要多出去走一走，开拓自己的视野和思路，别让自己“宅”在家里死读书，而不知道书本外的世界是什么样的。爱读书是好事，但外面的世界也更精彩，女孩要把书本和现实相结合，成为真正的读书人。

盲目实践太危险

在学习阶段，女孩会学习各种各样的知识，有需要死记硬背的科目，有需要动手劳动的科目，也有需要不断实践的科目。

在实践的过程中，有些科目很安全，但有些科目在实际的操作过程中具有一定的危险，如果盲目进行，有可能会对女孩的人身安全造成一定的威胁，如果因此而发生意外，后果可能是女孩难以独自承担的。

☆☆☆

飘飘是一名初中生，升入初中后，她们开始学习物理和化学知识，而随着知识的深入，还开始接触各种各样的实验。

飘飘虽然是一名女生，但对这些实验十分感兴趣，每次都会迫不及待地上手操作。

“同学们，每一次实验过程虽然有趣，但是也伴随着很多的危险，在没有老师的陪伴下，大家最好不要私自进行实验。”化学老师这次带来了一个新实验，一边操作，一边给同学们忠告。

飘飘的注意力却全在老师的实验上，根本没把老师的话听进去。

一直到放学，她都在想着这次实验的过程，她觉得老师有一个操作不太正确，想起平时老师经常称赞她爱动脑，勤动手，求真又务实，她那颗心就蠢蠢欲动起来，早忘记老师说这个实验具有危险性了。

回到家后，她就开始准备做实验需要的器材和材料，因为喜欢做实验，所以她央求父母为她采购了很多实验器材，当然，一些危险性高的父母也没有为她准备。

她接连准备了两天，终于把实验所需的东西都准备齐了。

以前她做实验时还会让父母陪着一起进行，但这次因为她想证明老师的错误，所以偷偷地自己进行了起来。

一开始，还很顺利，她严格按照老师讲的步骤进行实验，但在快接近自己设想的时候，她突然紧张兴奋起来，这一紧张，手就抖了一下，结果把一种材料当成了另一种材料加到了试管中，然后意外就发生了，只听“轰”的一声炸响，不仅手中的试管爆裂了，其他器材也因为冲击而碎裂了，手也被碎玻璃划破了。

“怎么回事？”妈妈听到声音，及时赶到她的房间，看到眼前的一幕，既生气，又心疼，都不知道说什么好了。

飘飘这时候才想起老师说过实验危险的话来，以前不以为然，现在事实摆在眼前，终于相信了。

☆☆☆

故事中的飘飘喜欢在实践中求真知本来是件好事，但盲目的实践很多时候带来的不是惊喜而是惊吓。比如她喜欢做实验，但物理和化学实验经常是伴随着各种各样的意外存在的，如果操作不当，是很危险的事情。

就连经验丰富的老师在做实验的时候都不敢放松警惕，何况是刚开始接触实验课程的学生，更不能盲目地进行实验操作。如果真的对实验感兴趣，女孩可以向老师或者父母请教，在得到他们的许可，并有比较专业的人士的陪同下，才可以进行，千万不能一时兴起，而让自己置身于危险之中。

除了危险的实验，有很多其他的实践活动也是很危险的。女孩在进行实践之前，一定要了解活动的危险性，做好充足的准备工作，避免一切可能发生的危险，千万不要盲目地进行，把自己带入危险之中。

读书、实践，更要会创新

读书是为了什么呢？女孩有没有想过这个问题。可能想过，也可能从未想过，只是因为是读书的年纪，所以才读书、学习、上进。

那么，读书到底是为了什么呢？答案有很多。有些人读书是为了好前途；有些人读书是为了成为有智慧的人；有些人读书只是为了增长知识。但无论是哪一种，最后，所学到的知识如果不能被运用到实处，那么也就没有读书的意义了。

☆☆☆

小莱和小文都很喜欢读书，但她们两个读书的效果却相差巨大。

小莱读书就是为了了解有趣的知识，在读的过程中体会书中的喜怒哀乐，读完把书本一放，就会把书中的内容抛在脑后。

而小文在读书之余还会进行一些实践，尤其是在遇到一些生动有趣的内容时，她更想亲自体会实践一番，因此，小文读过之后，对书的内容理解更透彻，会把书中知识深深地印在脑海中，一有机会，就运用到生活中来。

除此之外，小文还喜欢运用书中的知识在现实生活中搞一些小创新，她的最大理想就是做一名科学家、发明家，因此不停地增长知识、不断地创新对她很重要。

对于她这种想法，小莱却十分不了解，她说："读书不就是为了以后考个好大学，毕业了找份好工作，然后挣更多的钱吗？"在小莱看来，读书就是为了财富，而金钱是最直接的表达方式。

小文笑着回答道："我读书才不是为了那么肤浅的东西，读书还有更有意义的事情要做。"

"更有意义的事情？"小莱笑道："我觉得再也没有比金钱更有意义的东西了。有了钱我就能买好看的衣服、化妆品和名贵的包包。"

小文笑了笑，不再回答她的问题。

☆☆☆

读书不是为了炫耀，也不是为了金钱，读书是为了更有意义的事情。是什么呢？女孩要知道，金钱并不能让我们得到他人的尊重和爱戴，只有一个学识渊博，聪明讲理的人，才能得到他人的尊重。但也并不是说学识渊博就足够了，还要学会把知识运用到现实生活中，要在实践中掌握更多的学识，并且学会创新，这样才是真正有意义的读书，才能找到自己的人生价值。

☆☆☆

张玉最近爱上了读书，但她听说，会读书还要懂实践、会创新。但她并不能理解这句话到底是什么意思。

她跑去问妈妈，妈妈告诉她："创新说起来很难也很简单。"

"这是什么意思？不是只有科学家、发明家才有创新能力吗？我一个小孩子能做什么创新？"张玉好奇地问道。

妈妈笑道："只要你有知识，不管你是大人小孩，还是科学家老百姓，都可以搞创新啊。"

"真的吗？"

"当然。"妈妈把她带进厨房，指着厨房的很多改装后很实用的小"设计"对她说："你看这个厨房里，到处都有妈妈搞创新的'足迹'，酱油瓶、油壶、漏斗，这些常用品妈妈多少都改动过，因为改后妈妈用起来会更方便，也更得心应手，你能说这些小改动不算是创新吗？"

"我不知道。"张玉诚实地回答道。

妈妈语重心长地说："当然也算，因为这些是妈妈通过思考，运用自己的知识实践出来的，可能看起来并不是什么伟大的事情，但创新就是从这些微小的事物开始的，只要你会动脑、勤动手，你做的任何一件事，都有可能是在搞创新啊，女儿。”

听了妈妈的话，张玉大受启发，她感激地对妈妈说：“谢谢你，我会努力的。”

☆☆☆

创新是什么？创新并不是我们想象中那么艰难的事情，可能只是多走一步路，多想一下问题，就已经迈上了创新的道路。那么，女孩具体应该怎么做才能学会创新呢？

第一，会读书也要会动手。

女孩要在读书之余多增加一些动手的机会，让自己手脑都得到锻炼和开发，这样才能齐头并进，边学习边实践，在学习中增加自己的知识量，在实践中验证学习的成果。

第二，女孩在做事前要先做好计划。

不管是学习还是生活，我们都要学会做计划，有计划地进行一件事，这样才能对事物有更深刻的理解，才能边学习边思考，在思考中发现新的知识点，发现新的可能性，从而达到创新的目的。

第三，女孩要培养自己的创新意识。

会读书，懂实践，更要会创新，这创新从何而来呢？就要求女孩在平时的生活和学习中要多注意自己创新意识的培养，平时学习中多一些联想和思考，开发自己的思维能力，凡事多想一想，多做一做，成长为一个智慧的知性女孩。